Agri-Food Kingdom

農と食の王国シリーズ

# 海藻王国

海の幸「海菜」をベースとした
日本独自の食文化を味わう

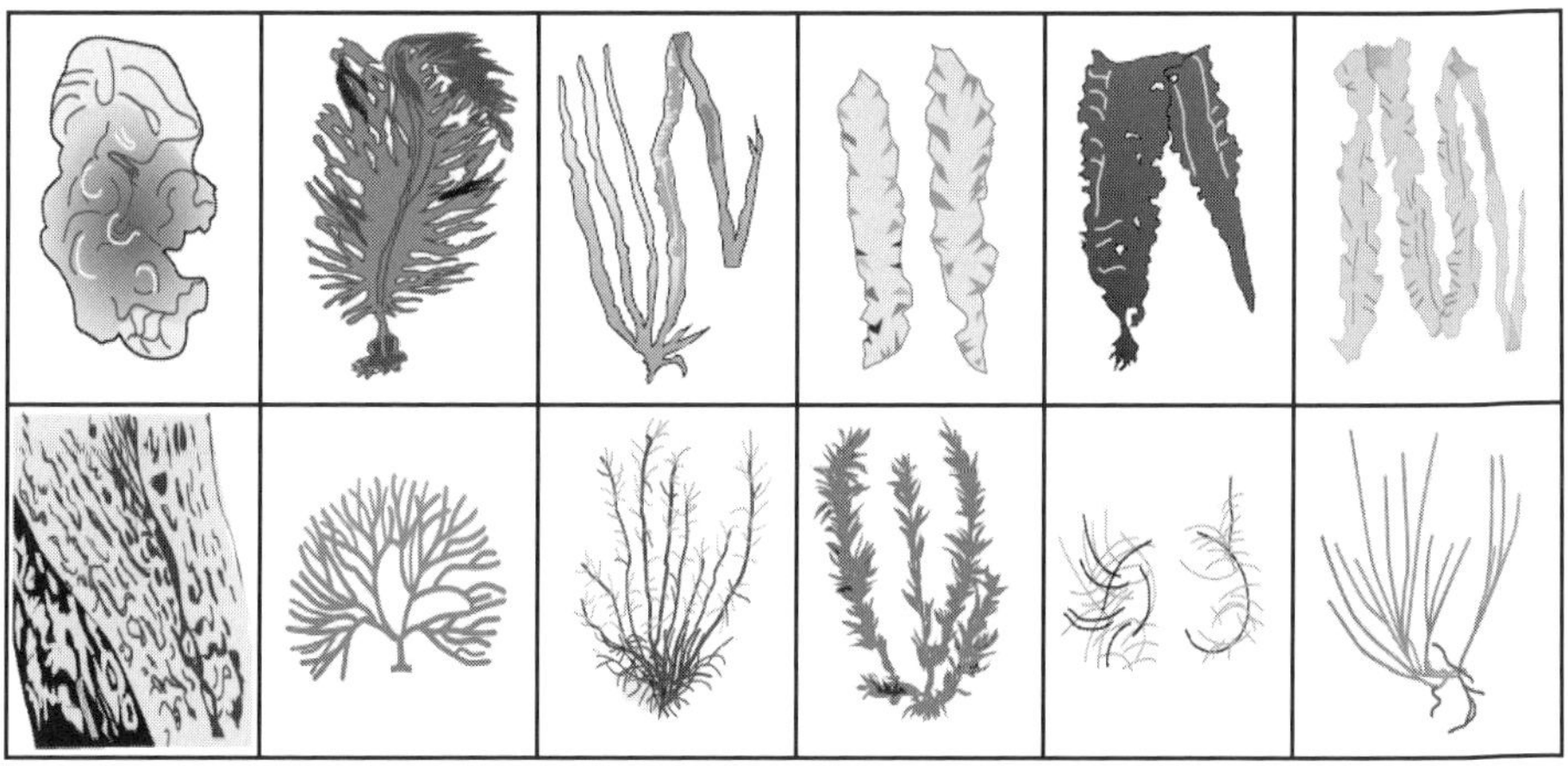


鈴木克也 ほか＝著

エコハ出版＝編

# はしがき

日本は海に囲まれており、37万㎞に及ぶ栄養豊富な海岸線に恵まれている。そこには多種類の「海藻」がある。これらを山の幸である「山菜」と対置して「海菜」と呼ぶことができる。あるいは国際的にSea Vegetable（海の野菜）と呼んだほうがよいかもしれない。

人々はこれらを古くから日常生活に取り入れ、重要な食資源として趣きのある食文化を形成してきた。奈良・平安時代には貴族文化として、鎌倉・室町時代には精進料理として、戦国時代には陣中保存食として重宝された。また、江戸時代には「浅草海苔」のように町民の食文化の象徴となった。このように海藻を時代ごとの食文化として深めてきたことは、世界的にみてもめずらしいことであり、日本が誇れる独特の文化である。

昆布は北海道・東北地方で産するが、それが室町時代から全国に流通し、「北前船」にのって全国に広がり、さらには沖縄を経て遠く中国まで届いていたという「昆布ロード」が形成されていたのも大きなロマンを感じさせる。第二次大戦後には、養殖技術が発展し、養殖モノが全流通量の半分以上にもなっている。また昆布の加工食品も多く出回り大きなマーケットになっている。また最近では昆布の一種である「ガゴメ昆布」が市場に出るようになった。以前は海の雑草といわれていたが、成分にポリフェノールやフコイダンが多く含まれていることもあり、新しい素材として見直されている。

海苔（ノリ）は古くから神事にも使われ貴族文化のひとつともなってきたが、江戸時代には浅草海苔として大発展し、海苔巻き寿司をはじめ町民の食文化のシンボルともなった。明治・大正・昭和期には科学的養殖の普及が進み、生産量も増大してきた。東京湾が「浅草海苔」のブランドを確保し、全国の半分以上のシェアを占めるに至った。それが戦後の国家的政策のもとで一挙に衰退することになる。現在では供給地の環境問題、人手不足、韓国、中国からの輸入急増という問題もかかえている。

また、テングサは古くから「寒天」の原藻として活用されてきたが、戦後になって本格的な工業化が進み、バイオ培養用や、食品のゼリー化などに用途を拡大させた。本書で紹介する伊那食品工業は世界企業として活躍している。

さらに、ワカメ、ヒジキ、モズク等は、むしろ庶民の日常的な食品として定着していたが、これも戦後の養殖技術が発展し、今では人々の日常生活に定着している。

このように海藻は日本の豊かな食材となっているが、それぞれ異なった性格とそれに伴うさまざまな問題をかかえている。日本の「地方創生」にあたって、この海藻を見直し、新しい用途を開発し、ブランド化を図ることが求められている。

そこで、「農と食の王国」シリーズ第３弾として本書『海藻王国』を発行することにした。本書では「海藻」の歴史・文化との関連でその魅力を取り上げるとともに、採取、養殖技術及び加工技術を、それらに貢献した人物とともに紹介したい。さらに、これを地方産業としてとらえ、さらなる発展のための課題を浮き彫りにする。また、今後のブランド化や国際展開の可能性などを考察する。

# 目次

# 第１章

# 海藻の魅力

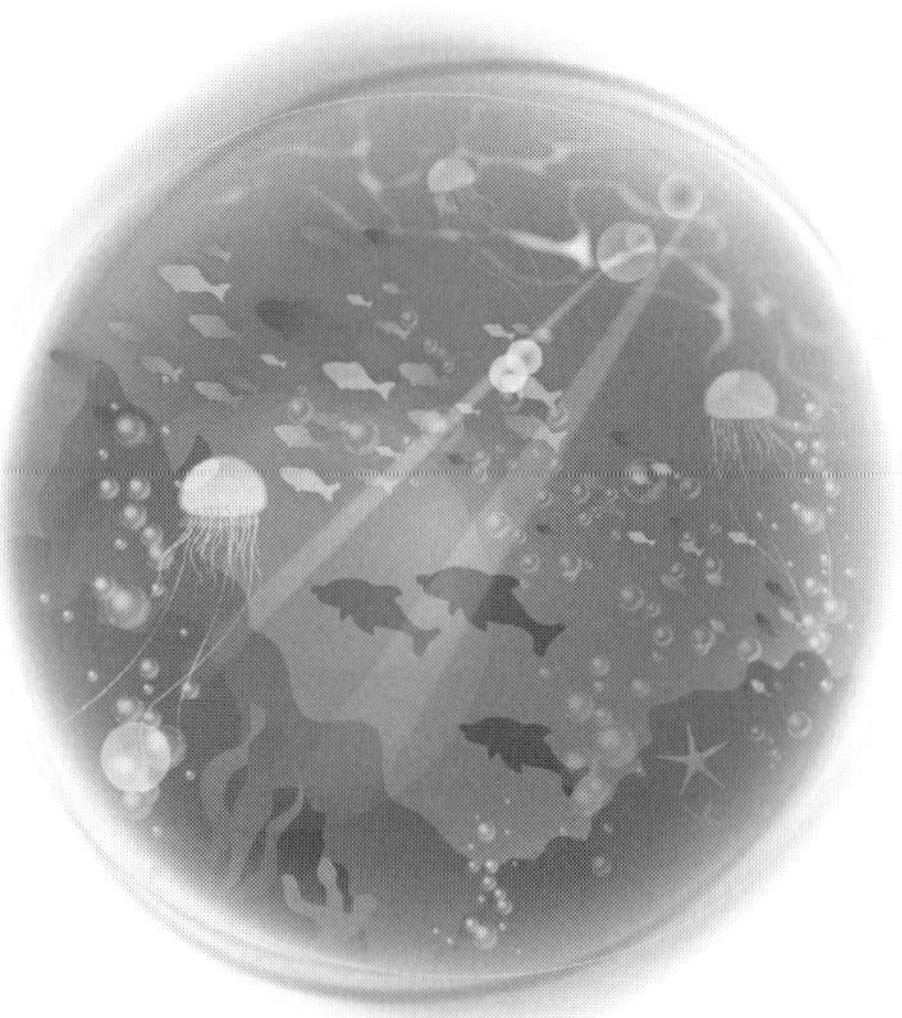

## 1　海藻とは

「海藻」は一般的に海に生育する藻類のことである。アマモのように海洋植物であっても陸上植物と同じ種子植物は「海草」として区別される（注1）。

この海藻は今からおよそ数十億年前に陸上生物より前に地球上にあらわれ、世界中に無尽蔵ともいえる未利用資源として存在している。日本人は縄文時代からこれを食用として利用し、それを独自の食文化としてきた。

この海藻を自然風土と歴史・文化を踏まえ、世界的視点からとらえようというのが本書の目的である。その際、このの海藻をイギリスのジュディス・クーパー女史がSea Vegetable(海の野菜)と呼んだのをベースとする（注2）。

### 海藻の種類

海藻は海岸の比較的浅いところに生育するので、四方を海に囲まれた日本は多種類の海藻に

（注1）「海藻」とは俗称であり、「海で固着生活を営む肉眼的な藻類」である。（木村修一）

（注2）今田節子著『海藻の食文化』

恵まれている。海藻学の祖、田村全太郎をはじめとする海藻学者によって、日本には１５００種を超える海藻がリストアップされている。

下図はその一例である。浅いところにはアオサやミル等の緑藻、もっと深いところに生育するノリやテングサ等の紅藻、１ｍを超えるコンブ等は褐藻（黄藻）類に分類される。

その分類でみると、日本の沿岸で生育している海藻類は、紅藻類が６００種、褐藻類が２３０種、緑藻類が２００種類となっている。そのうち我々が日常的に食しているのはほんの一部であり、ほとんどの海藻は未利用のままである（注３）。

**海藻の自生**

海藻は自然環境に非常に敏感な生物である。海水温度、潮の

（注３）このことについては今田節子著『海藻の食文化』で丁寧に記されている。

## 海藻の分類

| | | | |
|---|---|---|---|
| 紅藻類 | イギス目 | イギス科 | キヌイトカザシグサ |
| | オゴノリ目 | オゴノリ科 | オゴノリ |
| | | | シラモ |
| | サンゴ目 | サンゴモ科 | フサカニノテ |
| | スギノリ目 | オキツノリ科 | ハリガネ |
| | | スギノリ科 | オオバツノマタ |
| | | | スギノリ |
| | | | ツノマタ |
| | | ムカデノリ科 | ツルツル |
| | | | ムカデノリ |
| | テングサ目 | テングサ科 | マクサ |
| 褐藻類 | アミジグサ目 | アミジグサ科 | ウミウチワ |
| | | | シワヤハズ |
| | カヤモノリ目 | カヤモノリ科 | カヤモノリ |
| | | | ハバノリ |
| | | | フクロノリ |
| | コンブ目 | コンブ科 | アラメ |
| | | | マコンブ |
| | | チガイソ科 | ワカメ |
| | ヒバマタ目 | ホンダワラ科 | アカモク |
| | | | オオバモク |
| | | | ヒジキ |
| 緑藻類 | アオサ目 | アオサ科 | アオノリ |
| | | | アナアオサ |
| | | | リボンアオサ |
| | ミル目 | ミル科 | ミル |
| 多年草 | オモダカ目 | アマモ科 | アマモ |

流れ、海水養分、光などによって左右され、地域ごとに極めて多様である。

日本は島国であり、海に囲まれているだけでなく、暖流である日本海流、対馬海流と、寒流であるリマン海流が混ざり合う特殊な地形にあり、そこに多様な海藻が生育している。

海面と海藻

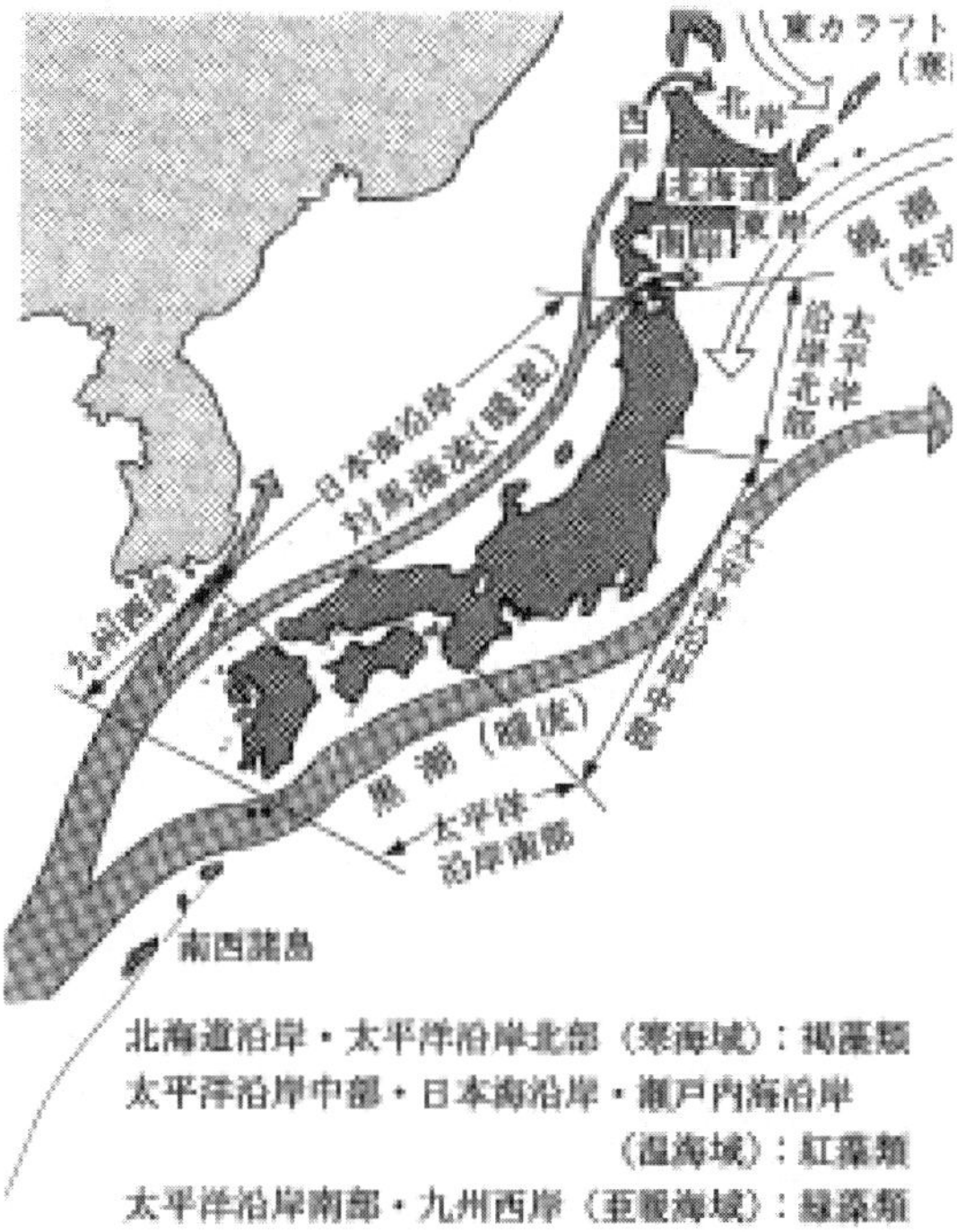


## 古くからの海藻の産地

日本の沿岸に生育する海藻は極めて多種類である。

一般に褐藻類は寒海域に、紅藻類は温海域に、緑藻類は暖海域に属すること、コンブなどは北海道や東北地方に限られ、逆に黒潮や対馬海流が接岸する九州南部、四国、紀伊半島南岸は緑藻類が多い。瀬戸内海などは波や海流が穏やかなので柔らかい海藻が多い。

これについても今田節子氏の『海藻の食文化』の中に『日本の食生活全集』（農山漁村文化協会）

# 古代から中近世の海藻の産地

| 分類 | 海藻名 | 蝦夷 | 陸奥 | 北陸道 | 山陰道 | 東海道 | 南海道 | 山陽道 | 西海道 | その他 |
|---|---|---|---|---|---|---|---|---|---|---|
| 褐海藻 | コンブ | 蝦夷<br>松前<br>宇賀 | 陸奥、出羽 | | | | | | | |
| | ワカメ | | | 佐渡、<br>越中<br>能登、<br>越前<br>若狭 | 丹後、但馬、<br>因幡<br>伯耆、隠岐、<br>出雲<br>石見 | 下総、相模<br>遠江、三河<br>伊勢、志摩 | 紀伊、<br>阿波<br>鳴門、<br>伊予 | 長門 | 豊前、<br>壱岐<br>肥前 | 北海、南海<br>西海 |
| | アラメ | | | | | 伊勢、志摩 | 紀伊 | | | 南海 |
| | ヒジキ | | | | | 三河、尾張<br>伊勢、志摩 | 紀伊、<br>阿波 | | | 南シナ海<br>西国の周辺 |
| 紅海藻 | ノリ | | 奥州 | 佐渡、<br>越後<br>能登、<br>越前<br>若狭 | 丹後、但馬、<br>出雲、石見 | 下総、上総、<br>安房<br>武蔵、相模、<br>伊豆<br>駿河、遠江、<br>三河<br>尾張、伊勢 | 紀伊、<br>小豆島 | 豊前、<br>安芸<br>周防、<br>長門 | 豊前、<br>肥前<br>肥後 | 南シナ海<br>南の海 |
| | テングサ | | | | 出雲 | 伊豆七島 | | | | 南の海<br>冷たい海<br>各地の海浜 |
| 緑海藻 | アオノリ | | | 佐渡 | 出雲、石見 | 三河、尾張<br>伊勢、志摩 | 紀伊、<br>淡路<br>阿波、<br>土佐 | 播磨、<br>備前<br>周防、<br>小豆島 | 肥後、<br>肥前 | 海中<br>淡水中 |

（出所）今田節子『海藻の食文化』

をベースにした古くからの海藻の産地の分類があるので転載させていただく。

いずれにしても日本の各地には多種類の海藻が自生し、潮の干満で海岸にも打ち上げられるので、人々はそれを採取し、日常の食材として利用していた。

一方、海藻は乾燥させると保存や輸送が容易なことから、商品としては人気のあるものとなり、全国流通するようになった。

国東（大分県）や加太（和歌山県）、鳴門（徳島県）のワカメ、浅草・品川の海苔、蝦夷・陸奥のコンブ、東海・四国のアラメなどは当時から名産品であった。

**養殖法の発展**

以上は天然の海藻の産地のことであるが、昭和初期から養殖が試みられることになった。これを科学的養殖として各地で本格的に行なわれるようになったのは戦後のことである。

１９５０年以降になると、大学や全国の水産試験所が活発な養殖技術の開発を進め、各地で様々な実践が行なわれた（その内容については第2章に記述）。

１９６０年頃からは、北海道においてコンブの養殖技術として画期的な研究と実践が行なわれた。

また、海苔については天然養殖の形で江戸時代から実質的な養殖は行なわれていたが、新しい形での養殖は１９８３年から始まった徳島県でのものであったとされている。

モズクについても日本人は古くからこれを食していたが、２０００年頃から沖縄で本格的な実験が始まり、今では全国シェアの90％近くを占めるようになった。

ヒジキについては、現在は自生のものを増殖するという形が主流で、韓国や中国からの輸入が多い。最近、徳島で「座」を養殖してそれを増殖するという方式も開発されている。

しかし、その際にも海藻の生育には自然の影響が大きいため、結局は昔からの産地に生産が集中したという経緯もある。

## 2　食文化としての海藻利用

### 海藻の誕生

海藻は今から数十億年前、陸上生物が現われるずっと以前から地球に現われ、その化石が「コレニア」として保存されている（注４）。

（注４）宮下章著『海藻』法政大学出版局

それを人間がいつごろから食べだしたかは不明だが、有史以前に中国で食されていたという記録はある。

紀元前２～３世紀には『爾雅』の中に綸という字で記されているし、３世紀前半の『呉普本草』でも綸布として出てくるそうである(注５)。しかし、それらが日常生活で食されることはなかった。

**縄文時代**

日本では青森県亀ヶ岡の縄文遺跡から土器に入ったワカメの一種が発見され、縄文人は日常的に海藻を食していたと考えられる（注６)。

（注５）Wikipedia より

（注６）北海道大学 宮下和夫教授によると島根県洞窟、縄文竜からアラメやホンダワラ、高知県の土器からはヒジキも見つかっている。

## 大宝律令

その後、大陸の文化が伝来し、日本でも国家が形成されていくのであるが、その中でなぜ海藻が食文化として定着したのかは不明である。しかし、海の近くに住んでいる人々は一般に海藻を食していたものと考えられる。これが貴族文化や仏教文化と結びついて記録に表われるのは大宝律令（７０１年）である（注７）。当時の税である祖・庸・調のうち、調の中で海藻が取り立てられることが記されている。後述するが、このことを記念して大宝律令が制定された２月６日を「海苔の日」と定められた（第３章参照）。

## 鎌倉・室町時代

鎌倉時代や室町時代には昆布などいくつかの海藻が全国に流通するようになり、儀式や供え物だけでなく仏教の広まりとともに「精進料理」などにも利用されるようになっていった。また、戦国時代には陣中の保存食としても利用されるようになった。

（注７）『常陸国風土記』や『肥前国風土記』など各地の風土記や延喜式などに神事としての海藻の重要性が述べられている。

## 江戸時代

昆布や海苔などについては、それらはまだ上層階級や寺院などでの限られた利用であった。

それらが一般の人々に食文化として広く普及しはじめるのは江戸時代の後期からである。そのころになると専門の問屋や行商人などの流通業が活躍し、地域ごとの名産品も育っていった。

## 養殖の時代

江戸時代には海苔のように天然の養殖のような栽培が行なわれたが、しかし、それも天然・自然に依存したものであったため、まだ産業と呼べるものではなかった。

　それらが大きく変化するのは１９００年代に海藻についての科学的研究が進み、胞子の段階からの養殖技術や加工・保存技術が普及した結果である。

海藻採取の図

このように世界の中で日本だけが海藻を食文化にとりいれてきた。このことについては、北海道大学の宮下和夫教授が最近の「函館学」の講演で次のように述べている。

「世界でも何種類かの海藻を食用としている地域はあり、比較的よく食べられているのは韓国、中国、インドネシアなどの太平洋に面する沿岸地域です。しかし食事の主要品目とする国は日本のみです。」

最近ではそれが健康にも極めて大きな効果をもつことが世界中に拡がり、和食ブームがおこっている。その長い歴史の中で育てられた日本独自の文化として誇り得るし、今後はこれをさらに深めて世界に拡め、日本文化の理解を促進していく必要があると思われる。

## 3　海藻は健康に良い

今田節子氏は著書『海藻の食文化』の中で、日本人は「海藻が健康にいい」ということを古くから知っていたことを紹介している。

昭和初期までに伝えられてきた海藻の効果は80事例にも及び、①高血圧・腹痛などにいい。②滋養になり、食欲増進、髪を黒くする。③行事等の健康祈願や安産を祈る、精神的効用をあげている。

## 古くから伝えられてきた海藻の効果

| 海　藻 | 薬　効 |
|---|---|
| コンブ | 十二種の水種を治し，のどのコブや腫れ物を治す<br>吐血，下血，黄疸，脚気を治める<br>利尿作用<br>コンブを生で多食してはいけない<br>久しく食すと痩せる<br>内臓を穏やかに保つ<br>皮膚に潤いを与える<br>脾胃虚冷の人は食すべからず |
| ワカメ | あつものとして飯と食べると，産後の悪血を下す婦人病に効く<br>脚気，頭痛，喀痰を治す<br>胸膜，隔膜の炎症をおさえる<br>利尿作用<br>便通を良くする<br>気持ちを落ち着かせる<br>食欲不振，婦人病，産後は摂食を禁止 |
| ヒジキ | コブ，結核，腫瘍に効く<br>解毒作用<br>多食すれば冷病，腎臓病，腰痛，脚気を病む |
| モズク | コブの固まりを消す<br>長患いを治す<br>利尿作用<br>気持ち悪さを解消する<br>多食する脾臓を傷つける<br>気持ちを落ち着かせる<br>生モズクは病人，小児，虚冷の者は摂食を禁止 |

（出所）　今田節子『海藻の食文化』

それらが科学的に証明されはじめたのは戦後のことであるが、まさに「温故知新」というわけである。

**海藻の栄養分**

海藻の栄養分は次頁の表のように、陸上の食物とは違い、様々な有用成分をもっている（注8）。

**①カルシウム**

現代人に不足しがちなカルシウムが多く含まれている。ヒジキ、ワカメ、アオノリ、コンブをはじめ、ほとんどの海藻が陸上の植物とはけた違いのカルシウムを含んでいる。

**②ビタミン**

緑黄色野菜と同様にカロチンとカロチノイドを多く含んでいる。

（注8）東北大学名誉教授木村修一氏の論文等を参考に要約する

# 海　藻　の　成　分

可食部（１００g中）

| | | 海 | 藻 | | | | |
|---|---|---|---|---|---|---|---|
| 成　分 | | アオノリ☆ | マコンブ☆ | ホソメコンブ☆ | ワカメ☆ | ヒジキ☆☆ | アマノリ☆☆ |
| 水分（g） | | 7.3 | 9.5 | 10.3 | 13.0 | 13.6 | 11.1 |
| 一般成分（g） | たん白質 | 18.1 | 8.2 | 7.5 | 15.0 | 10.6 | 38.8 |
| | 脂　質 | 0.3 | 1.2 | 0.4 | 3.2 | 1.3 | 1.9 |
| | 糖　質 | 53.9 | 58.2 | 51.4 | 35.3 | 47.0 | 39.5 |
| | 繊　維 | 6.3 | 3.3 | 8.3 | 2.7 | 9.2 | 1.8 |
| | 灰　分 | 4.1 | 19.6 | 22.1 | 30.8 | 18.3 | 6.9 |
| ミネラル（mg） | カルシウム | 840.0 | 710.0 | 760.0 | 960.0 | 1,400.0 | 390.0 |
| | マグネシウム | 2,215.0 | 1,000.0 | 960.0 | 1,130.0 | 630.0 | 380.0 |
| | リン | 740.0 | 200.0 | 160.0 | 400.0 | 100.0 | 580.0 |
| | 鉄 | 32.0 | 40.0 | 2.0 | 7.0 | 55.0 | 12.0 |
| | ナトリウム | 530.0 | 2,800.0 | 2,900.0 | 6,100.0 | 1,400.0 | 120.0 |
| | カリウム | 3,100.0 | 6,100.0 | 6,100.0 | 5,500.0 | 4,400.0 | 2,100.0 |
| | ヨウ素 | 2.0 | 130.0 | 44.6 | 7.8 | 3.7 | 6.1 |
| 主なビタミン（mg） | カロチン | 22.0 | 1.0 | 1.8 | 3.3 | 0.55 | 25.0 |
| | （A効果IU） | 12,000.0 | 560.0 | 1,000.0 | 1,800.0 | 310.0 | 14,000.0 |
| | B1 | 0.56 | 0.48 | 0.40 | 0.30 | 0.01 | 1.15 |
| | B2 | 1.9 | 0.37 | 0.38 | 1.15 | 0.14 | 3.4 |
| | ナイアシン | 6.0 | 1.4 | 1.2 | 8.0 | 1.8 | 9.8 |
| | B12 | 0.01 | 0.003 | | | | 0.03 |
| | C | 40.0 | 25.0 | 25.0 | 15.0 | 0 | 100.0 |

食品成分表（文部科学省資源調査会編）
糸川嘉則、鈴木信男らより

☆　素干し
☆☆干ひじき、干のり

### ③タンパク質

タンパク質の量自体は穀類と同じ程度であるが、必須アミノ酸がバランスよく含まれているのが特徴である。うま味成分のグルタミン酸だけでなく、アルギン酸、甘味成分のグリシン、アラニン、プロニン等も多く含まれている。また、一部の粘性多糖類（フコイダン等）は免疫機能向上作用と対抗腫活性効果なども知られている。

### ④ミネラル

海藻は海中で生育するので海水中のミネラルを多く吸収している。鉛、セレン、アルミニウム、それにヨウ素、ヒ素、マンガン、鉄なども凝縮して含まれている。

### ⑤低脂質

一方、海藻中の脂質は少なくカロリー源としては低い。現代人は高脂質になりやすいので、これもダイエットとしての効能ともいえる。

## 4　海藻の生産と消費

### 海藻の採取・養殖量

日本での海藻の採取・養殖量の推移をみると次の表のようになっている。採取量についてはコンブ類5万6千トン、その他2万7千トンであり、養殖ではコンブ類3万8千トン、ワカメ類5万トン、のり類31万8千トン、モズク類1万5千トンで合わせて41万8千トンになっている。コンブ類はまだ天然物が多く残っているが、他はほとんどが養殖物になっていることがわかる。

## 種別採取量

| 海藻類 計 | こんぶ類 | わかめ類 10) | ひじき 10) | てんぐさ類 10) | その他の海藻類 11) | |
|---|---|---|---|---|---|---|
| 111,398 | 84,274 | 3,680 | 7,207 | 2,173 | 14,063 | 平成15年 |
| 113,739 | 91,122 | 3,673 | 6,375 | 2,120 | 10,449 | 16 |
| 104,788 | 78,575 | 3,613 | 6,881 | 3,187 | 12,532 | 17 |
| 113,664 | 84,665 | 3,575 | 8,209 | 3,808 | 13,408 | 18 |
| 103,601 | 72,767 | … | … | … | 30,835 | 19 |
| 104,668 | 73,244 | … | … | … | 31,424 | 20 |
| 104,103 | 80,115 | … | … | … | 23,988 | 21 |
| 97,231 | 74,052 | … | … | … | 23,179 | 22 |
| 87,779 | 61,339 | … | … | … | 26,440 | 23 |
| 98,513 | 73,068 | … | … | … | 25,446 | 24 |
| 84,498 | 56,944 | … | … | … | 27,554 | 25 |

## 種別生産量

| 海藻類 小計 | こんぶ類 | わかめ類 | のり類（生重量） | もずく類 | その他の海藻類 | 真珠（浜揚量） | |
|---|---|---|---|---|---|---|---|
| 477,705 | 50,978 | 59,870 | 347,354 | 19,407 | 96 | 32 | 平成15年 |
| 484,389 | 47,256 | 62,236 | 358,929 | 15,851 | 117 | 29 | 16 |
| 507,741 | 44,489 | 63,082 | 386,574 | 13,459 | 138 | 29 | 17 |
| 490,062 | 41,339 | 59,092 | 367,678 | 21,792 | 161 | 27 | 18 |
| 513,965 | 41,356 | 54,249 | 395,777 | 22,332 | 250 | 27 | 19 |
| 456,337 | 46,937 | 54,909 | 338,523 | 15,678 | 290 | 24 | 20 |
| 456,426 | 40,397 | 61,215 | 342,620 | 11,908 | 286 | 22 | 21 |
| 432,796 | 43,251 | 52,393 | 328,700 | 8,100 | 352 | 21 | 22 |
| 349,738 | 25,095 | 18,751 | 292,345 | 13,151 | 395 | 20 | 23 |
| 440,754 | 34,147 | 48,343 | 341,580 | 16,263 | 421 | 20 | 24 |
| 418,366 | 35,410 | 50,614 | 316,228 | 15,469 | 644 | 20 | 25 |

**地域別生産量**

地域別にみると、北海道が多く、九州では、佐賀、福岡、熊本、沖縄が多い。本州では岩手、愛知、三重が多くなっている。

地域別生産量　28年度

単位100tン

| | 採取 | 養殖 |
|---|---|---|
| | | |
| 全　国 | 798 | 3,921 |
| | | |
| 北海道 | 569 | x |
| 青　森 | 17 | 1 |
| 岩　手 | 11 | 238 |
| 宮　城 | 2 | x |
| 秋　田 | 1 | 1 |
| 山　形 | 0 | － |
| 福　島 | － | － |
| 茨　城 | 0 | － |
| 千　葉 | 5 | 77 |
| 東　京 | 2 | － |
| 神奈川 | 3 | x |
| 新　潟 | 2 | 1 |
| 富　山 | 0 | x |
| 石　川 | 1 | x |
| 福　井 | 1 | 0 |
| 静　岡 | 6 | x |
| 愛　知 | 81 | 132 |
| 三　重 | 12 | 133 |
| 京　都 | 1 | x |
| 大　阪 | 0 | x |
| 兵　庫 | 1 | x |
| 和歌山 | 3 | x |
| 鳥　取 | 1 | 0 |
| 島　根 | 1 | x |
| 岡　山 | 0 | 70 |
| 広　島 | 3 | 36 |
| 山　口 | 4 | 19 |
| 徳　島 | 3 | x |
| 香　川 | 0 | 151 |
| 愛　媛 | 14 | 34 |
| 高　知 | 1 | 0 |
| 福　岡 | 7 | 447 |
| 佐　賀 | 1 | 746 |
| 長　崎 | 16 | 11 |
| 熊　本 | 7 | 393 |
| 大　分 | 16 | x |
| 宮　崎 | 0 | － |
| 鹿児島 | 4 | 8 |
| 沖　縄 | 4 | 155 |

（出所）農林水産省「農林水産統計」より

## 生産量の推移

採取・養殖を含めた海藻の生産量の推移をみると次図のようになっている。最近の食生活の変化もあって、国内の生産量は減少傾向にあるが、海外からの輸入品による影響もある。

農林水産計画によると、海藻の自給率は平成22年の70％から平成34年には73％に引き上げることが目標となっている。

また、生産量においては、平成22年の53万トンから、平成34年には63万トンに引き上げる目標となっている。

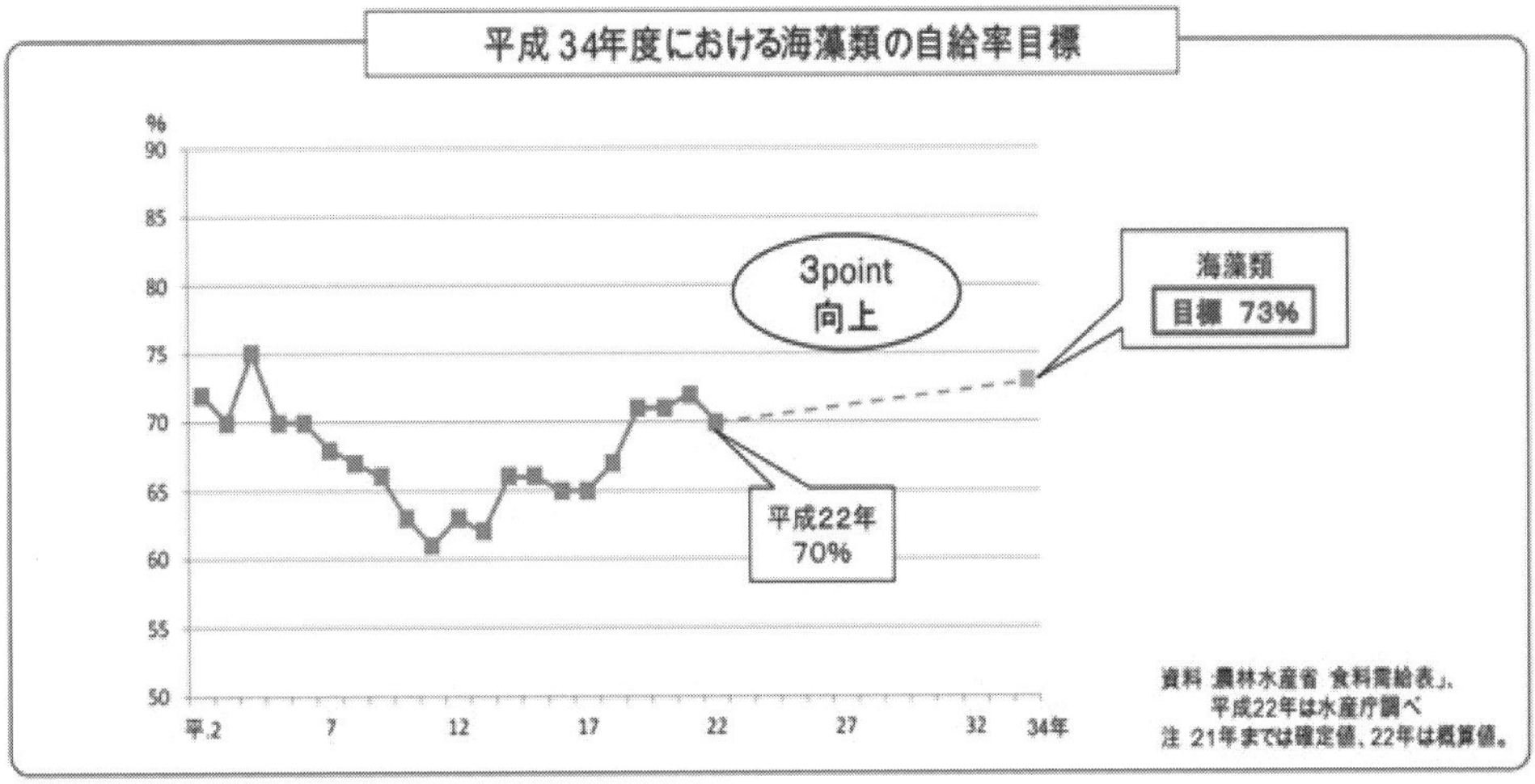

平成34年度における海藻類の自給率目標

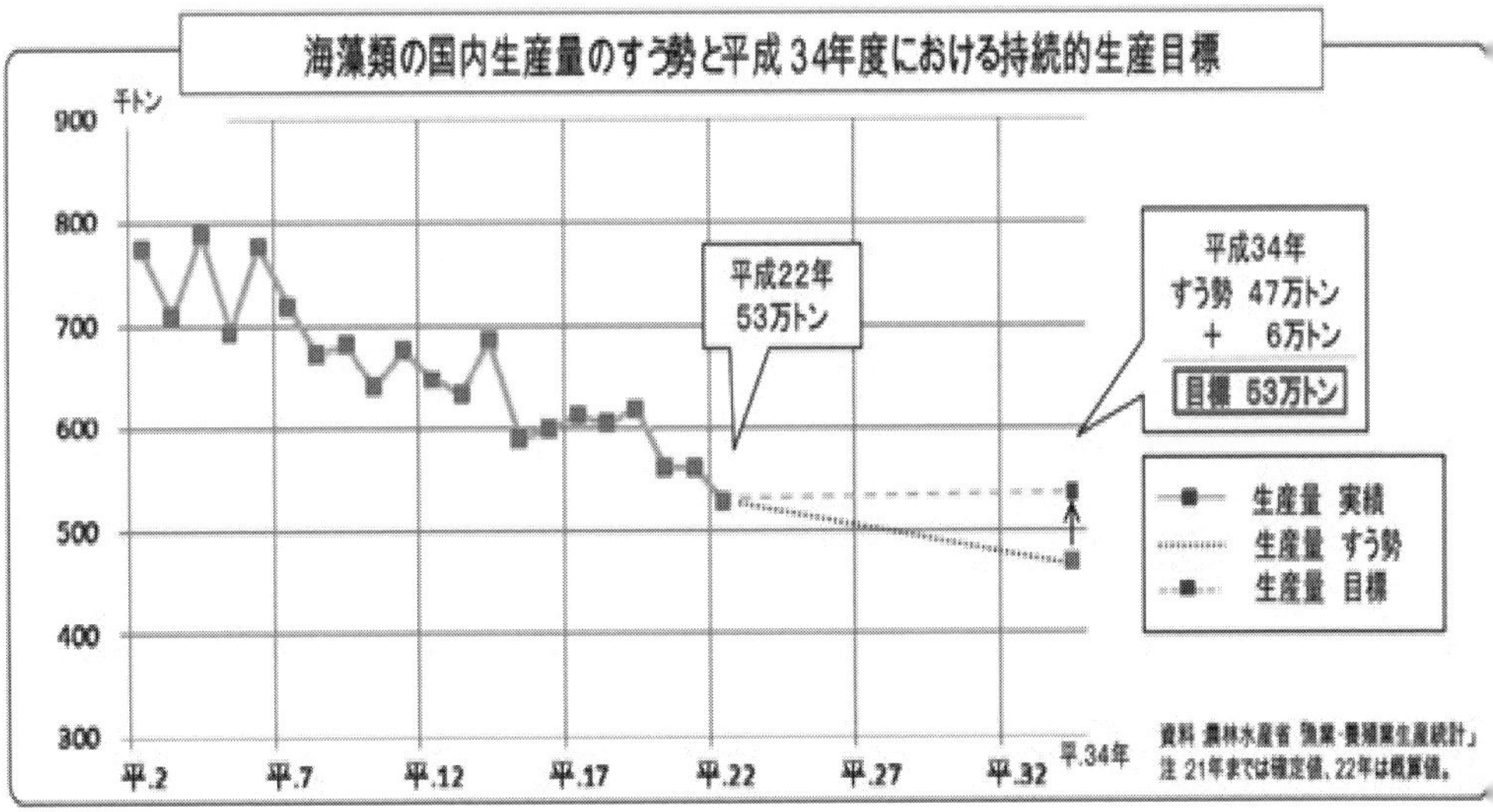

海藻類の国内生産量のすう勢と平成34年度における持続的生産目標

## 5　海藻利用の可能性

世界の海にどれだけの海藻が生育しているかは誰もわからないが、ほぼ無尽蔵であるといってもよいであろう。それらのほとんどが未利用である。

世界の海藻生産の中で最近中国の数値がめだっているが、食用として日常的に利用しているという点では日本独自である。栄養分として現代人が求めているタンパク質やアミノ酸、ミネラル等が絶大であり、食文化としての豊かさは世界にも誇れるものである。

技術面では、海藻の養殖技術が進み、その加工技術も日本独自のものとして相当進んでいる。

しかし、国際的な視点でみると、海藻利用はまだ非常に低い水準である。世界の人々にこの海藻の素晴らしさをどのように伝えていくかが大きな課題である。

なお、本書では海藻を主として食文化との関係でとらえているが、そもそも海藻が陸上生物より先に地球上に現われ、酸素を作り出してきたのであり、今問題となっている地球温暖化に関して、二酸化炭素吸収で果たしている役割は極めて大きい。

また、将来のエネルギー問題と関連して、北海道大学大学院水産科学研究院教授の宮下和夫氏は、その講演の中で「ホンダワラ科の海藻は成長がはやく、高い炭酸ガス吸収能力を示している。成長には光と海水のみで十分であり、陸上植物のように真水と肥料を必要としない。特に海藻は沿岸生物の餌として利用するだけでなく、魚類の産卵や幼魚の生育のために欠くことのできない場を提供している。未利用資源の開発を始め、これからやらねばならないことは無限にある」との主旨の話をされていた（注９）。

（注９）２０１５年６月27日函館学『海藻食品の魅力』

〈**第１章参考文献**〉

・山田信夫『海藻利用の科学』成山堂書店　２０１３年６月
・今田節子『海藻の食文化』成山堂書店　２００３年３月
・宮下章『海藻』法政大学出版局
・岡村金八郎『海藻譜』東京書房社　１９６６年３月
・大石圭一『海藻の科学』朝倉書房　１９９８年３月
・西澤一俊・杉村幸子『海藻の本』研成社　１９８８年４月
・横浜康継『海藻の遜』三省堂　１９３３年４月

# 第2章

# 昆布のすべて

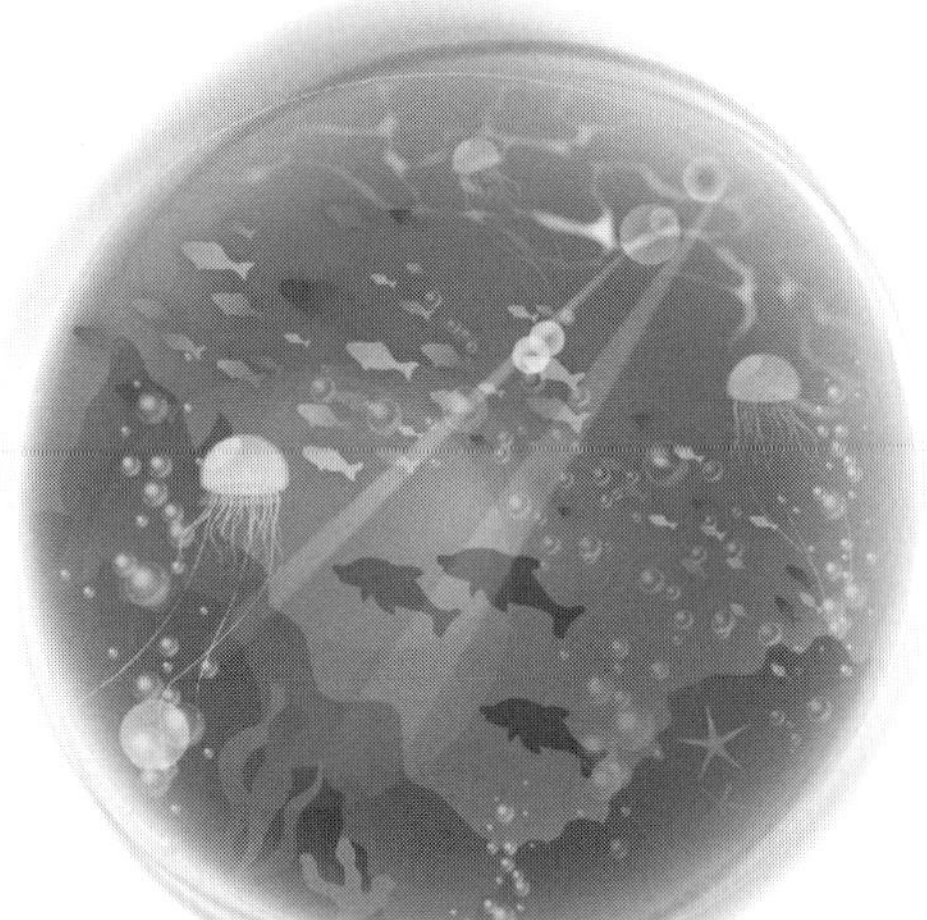

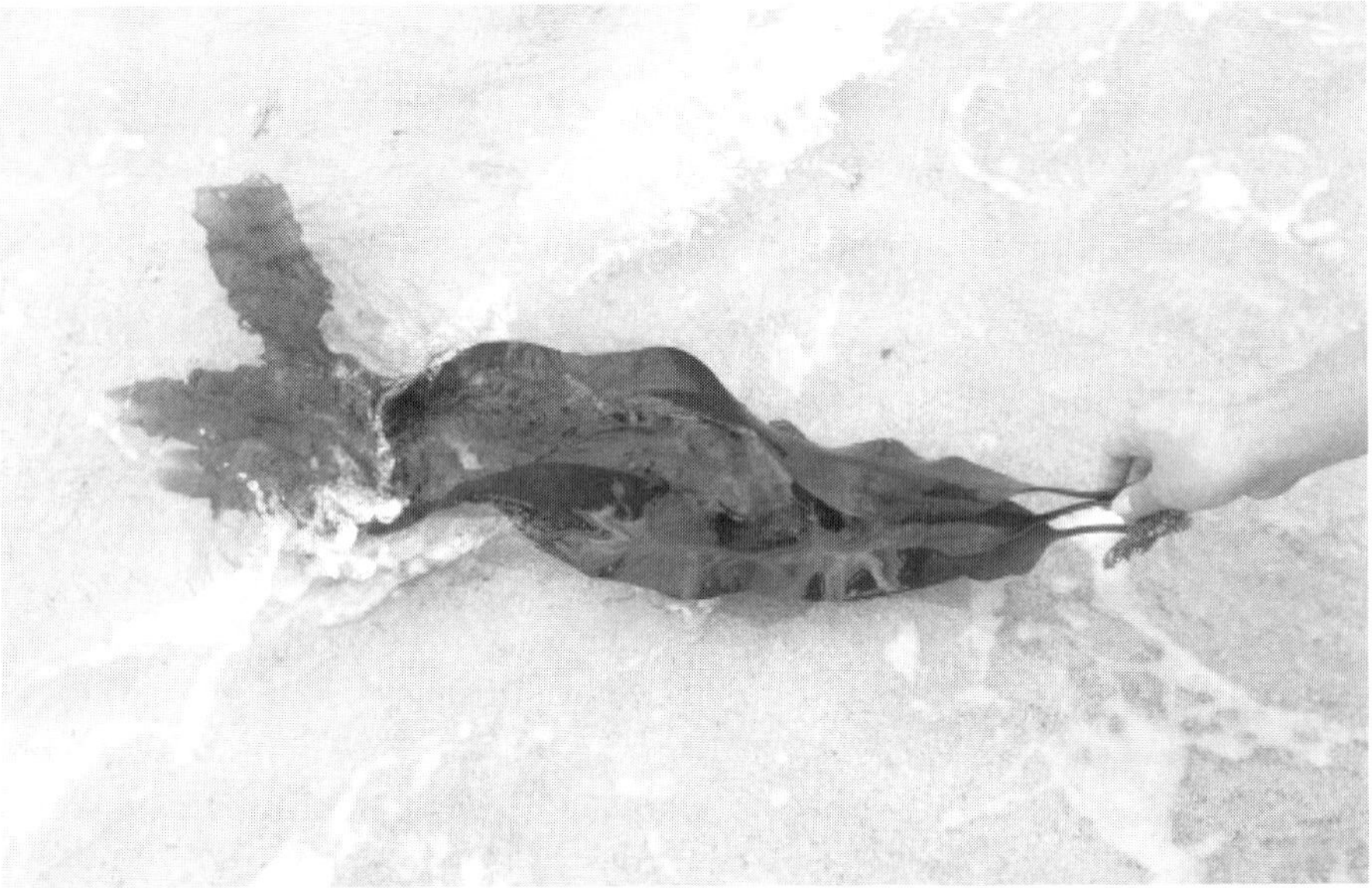

# 1　函館昆布研究会の取り組み

1998年3月、北海道中小企業家同友会函館支部の中に「函館昆布研究会（通称コブ研）」が発足した。その目的は「昆布について楽しく幅広く学びながら、昆布のステータスを高め、産業を活気づけ、昆布文化の振興をはかる」ということであった。以後5年間にわたり月例会、視察旅行、昆布イベント「はこだて昆布フェスタ」の開催、アンテナショップ「昆布よろず屋」の開店、新たな昆布利用の研究、情報の発信等、スケールの大きな活動を展開した。

当時設立されたばかりの公立はこだて未来大学の学生も参加し、共に学ぶとともに、情報発信の役割を果たした。その際、『コンブのすべて』というDVDを制作したので、その一部を紹介しながら論をすすめたい。

### 活動内容

函館昆布研究会の活動記録は次表のようになっている。

コブ研の活動記録

| | | |
|---|---|---|
| １９９８年 | ３月28日 | 「函館昆布研究会」発足 |
| | ６月25日～27日 | 沖縄視察研修 |
| | 11月14日 | 第１回はこだて昆布フェスタ |
| １９９９年 | ６月18日～20日 | 昆布ロード北陸研修視察 |
| | ８月４日～10日 | はこだて昆布の味まつり |
| | 10月５日 | 第２回はこだて昆布フェスタ |
| ２０００年 | ６月23日～25日 | 「堺・淡路昆布ロード」研修視察 |
| | ９月17日 | 第３回はこだて昆布フェスタ |
| | ９月25日 | アンテナショップ「昆布よろず屋」開店 |
| ２００１年 | ９月16日 | 第４回はこだて昆布フェスタ |
| ２００２年 | ５月22日 | 昆布ルート中国研修視察 |
| | ９月８日 | 第５回はこだて昆布フェスタ |

（出所）ＣＤ－ＲＯＭ　『こんぶのすべて』

①定例会の開催

昆布についていろいろな角度から学ぶため、関係の専門家や経営者を招いて話を聞いた。昆布の歴史や文化、栄養分や料理、採取や養殖・加工技術、昆布の流通・消費まで幅広いものであった。

②「昆布ロード」の研修旅行

参加メンバーが手分けをして北陸、淡路島、沖縄それから中国まで、「昆布ロード」に関係する地域を訪ねて、地域の人と交流をはかった。

③「昆布フェスタ」

毎年10月頃「はこだて昆布フェスタ」を開催し、昆布の関係業者が多数出展するとともに多くの市民がこのイベントに参加した。その案内ポスターは左頁に紹介する。入場者数は毎年2千人を超える盛況ぶりである。

④アンテナショップ「昆布よろず屋」の開店

昆布を地域の人にもっと利用してもらいたいとの思いから、アンテナショップ「昆布よろず屋」が開店した。

# 昆布フェスタのポスター

新聞報道

# 道南のコンブに親しんで

## 知名度アップ狙いフェスタ

道南のコンブをもっと売り出そうと十四日、ＪＲ函館駅近くの函館シーポートプラザで第一回の「はこだて昆布フェスタ」が催された＝写真。道中小企業家同友会函館支部（石沼平八支部長、四百四十人）の昆布研究会（山村徳司会長、八十人）が企画した。

函館市から渡島支庁戸井、恵山、椴法華、南茅部各町村にかけての海岸線は、マコンブの全国生産量の三分の一を占める産地だが、「日高昆布」のような広域ブランドが確立していない。産地の割には、地元の関心、認識も低く、料理法も簡単なものしかない。

そこで、食材としてのコンブの価値を見直す一方、全国に名を売って地域活性化につなげようとの狙い。

この日は午前十時に、テープの代わりにコンブをカットして幕開け。会場では、コンブ製品の展示、即売。種々の料理の試食会、おぼろ昆布づくりの実演や体験などの行事が行われ、にぎわった。

同支部は、かつて「イカの函館」を全国に売り出した実績がある。山村会長は「会員にはコンブ食品業者も多いので、単発の催しでなく、息の長い活動を続けていきたい」と話している。

朝日新聞 1998 年 11 月 15 日号

昆布よろず屋

店内の様子

⑤コンブ利用の研究

月例会や講演会ではコンブの新しい利用法などについても議論された。その中でも函館でしかとれない「ガゴメ昆布」がフコイダンなどの豊かな成分をもっているにもかかわらず未利用のままであることが語られ、これを地域の開発研究テーマにすべきであると論じられた。これがその後、文部科学省や函館市の補助事業となり、産官学連携で地域ブランドをつくりあげようという大きなテーマにつながった。

⑥情報の蓄積と発信

今後のコンブ利用の普及にあたっては、コンブに関する情報の蓄積と発信が重要であることが議論され、この研究会での成果をＤＶＤとしてとりまとめようということになった。

この研究会には、公立はこだて未来大学の学生が「函館ベンチャープロジェクト」（代表大久保彰之氏）として参加していた。学生達にとっても新しい試みだったので苦労したが、ＤＶＤではパソコンでコンブのことを紹介する「パソコンブ」というコンセプトでそれをとりまとめた。

パソコンブ

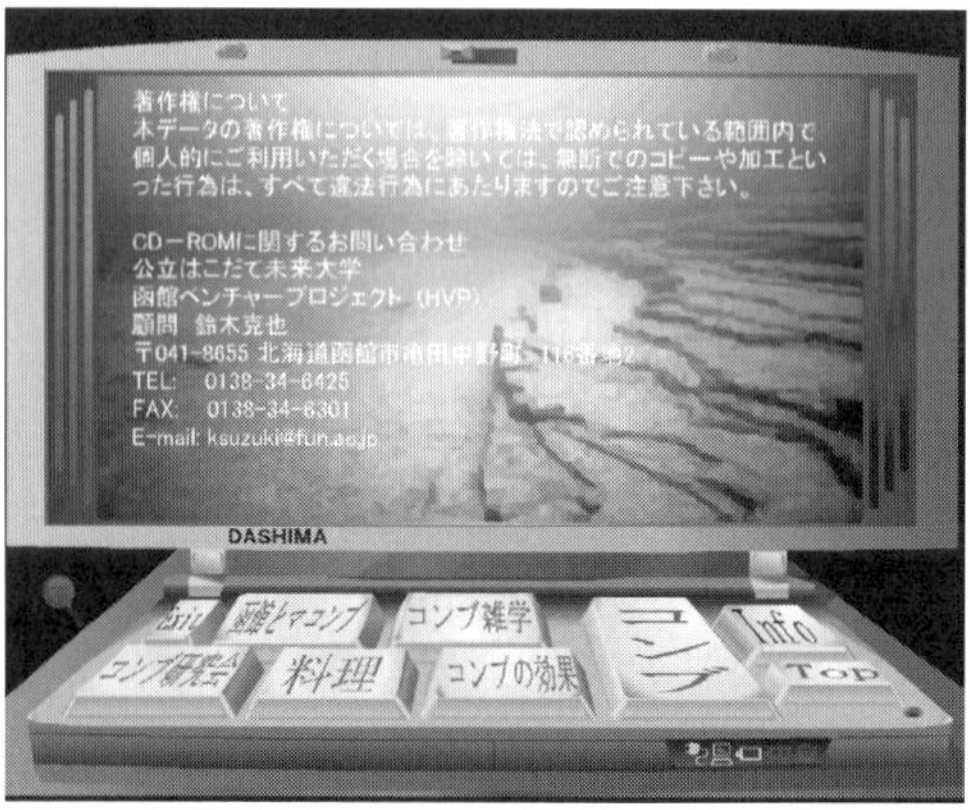

## ガゴメ昆布の用途開発

「ガゴメコンブ」はこれまで市場価値のない雑昆布として扱われてきたが、その成分にはアルギン酸やフコイダンなどが多く含まれているとの研究から注目を集めることになった。

2002 年～ 2008 年に「文部科学省都市エリア産学連携促進事業に採択され、2009 年には函館市より「地域資源を活用した新商品の販売チャネル開拓事業」を受託した。

それらの結果、100 種をこえる商品が開発され、これを地域ブランドとするため「函館がごめ連合」が結成されアンテナショップや販促の様々な努力が行なわれている。

＝インタビュー＝

# コブ研の思い出

## 株式会社マルキチ食品　金子宏会長

（聞き手：鈴木克也）

――「コブ研」発足の経緯についてお話しください。

北海道中小企業家同友会は地域の中小企業経営者によって構成されており、もともと地域産業振興に関する活動を積極的に行なってきました。コブ研の前には「イカノポリス」といってイカに関するプロジェクトを実施してきました。

１９９８年から5年間は昆布をテーマにすることになったのでコブ巻の製造業者であるマルキチ食品の社長として本気で参加、活動しました。委員長の山村憲司さん、だるま食品の児島社長（故人）などとコンブのすべてを学ぶとともに、社員教育や新製品の開発などの実践的な問題意識をもっていました。そのための時間や労力、ある程度の経済的負担がかかるのは気になりませんでした。

――活動の特徴は何でしたか。

とにかくよく勉強しましたネ。最初のうちは毎月定例会を開き、専門家や関係者を招いて勉強会をしました。特に昆布流通で大きな力をもっている大阪の流通大手マツモトの松本専務さんが毎回参加して色々なコメントをいただいたのは大きかったですネ。

その中で「昆布ロード」の話が出て、それでは皆で手分けして現地へ行ってみようということになり、富山、福井、沖縄、大阪、淡路島、さらには中国にも行ってきました。

もう一つは毎年10月に実施した「はこだて昆布フェスタ」です。コンブ関連事業者が数十軒出店するとともに、広報も積極的に行なったので多くの市民が参加してくれました。毎年の参加者は2000人を上回りました。特に沖縄からも参加していただき、函館駅前で「エイサー」を舞っていただいたのは最高でした。

第三の特徴は新製品の開発や新技術の導入に関心があったということです。この5年間では昆布巻にフォアグラを入れたり、昆布納豆をつくったり、昆布カレーをつくったりしました。技術面では昆布の養殖技術についても色々勉強しましたし、未利用資源であった「ガゴメ昆布」をなんとか有効利用できないかについてよく議論しました。

――「コブ研」の効果についてはどのようにお考えになりますか。

私どもの会社はコブ研を絶好の社員教育の場と考えていましたので、研究会やイベントにはできるだけ若手社員を参加させることにしていました。昆布についての専門知識が増えると昆布への愛着が高まりますし、外部の様々な人と交流する機会が増えることで視野が広がるという効果もありました。マルキチ食品ではこの流れを汲んでＩＳＯ取得への挑戦や、中国語の勉強会などにつなげることができました。

また、昆布のことを学ぶうちにこれが長い歴史と文化をもっていることがよくわかりましたし、函館にとってはまさに「地域の宝」だという確信がもてました。私たちは昆布巻を中心とする製造業者ですが、これを国際ブランドにしていく義務があると感じました。

そこでこのコブ研が終わったあと世界ブランドへの登竜門であるモンドセレクションに挑戦することにしました。大変苦労しましたが２００４年に日本で初めてキングサーモン巻、２００５年にフォアグラ巻がそれぞれ金賞を獲得することができました。そのようなこともあり、国内での評価も高まり２００６年には醤油名匠の金賞に輝きました。

――今後の昆布に関する展望についてはいかがお考えですか。

昆布は誠に魅力のある素材ですから、今後もこれを大切に育てていくべきだと考えます。

まずは昆布の採取や養殖技術についてです。

最近、昆布産地での高齢化が進み若手が不足しているため昆布の生産量が低迷しており、原材料の値段が上がる傾向にあります。加工業者の中にはそれを中国や韓国などの輸入でカバーしようとする動きも出ています。私どもは地域ブランドを守るためにも函館の真昆布にこだわっていきたいと考えますが、今後もこの産地の健全な発展を期待したいところです。

昆布の加工技術については私どもの責任です。その健全な発展のためにはそれに携わる人たちが自分たちの仕事にプライドをもつことが何よりも重要だと思っています。

私どもの会社従業員はすべて函館に在住しており、地域産業の担い手であることを意識してもらうようにしています。

加工技術についてはかなり成熟していると思っていますが、今後はこの製品群を国際ブランドとしてきちんとしたポジションを確保していくのも課題です。そのためパッケージや名称の国際化への努力を続けています。これについてはあまりあわてないでじっくり取り組んでいくつもりです。

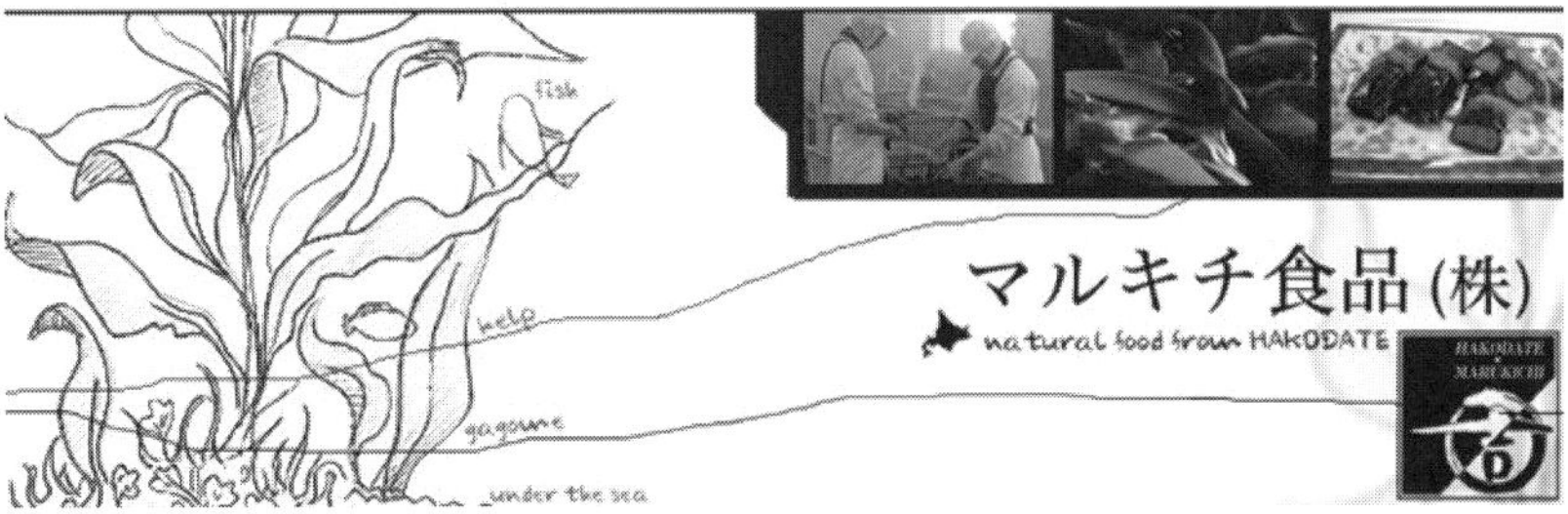

## 2　昆布の生態と産地

昆布は胞子植物である。

夏から秋にかけて成熟し、葉の表から遊走子と呼ばれる無数の生殖細胞が放出される。岩などに付着して、雌雄別々の配偶体となる。

秋から冬にかけて造卵器と造精器に成長し、受精が終わると発芽し、冬から春に胞子体（黄体）となる。

その後、水温が2℃を超えるようになると基部を残して先端が枯れてゆき1年が終わる。翌年の春にかけて2年目の成長がはじまり、1年目の葉体より大きく肉厚の2年生昆布となる。

それを採取して乾燥させ、色々な加工品にも使われるのであるが、これは天然の話であり、最近は後述するように養殖技術により1年ものが収穫されるようになっている。

昆布のライフサイクル

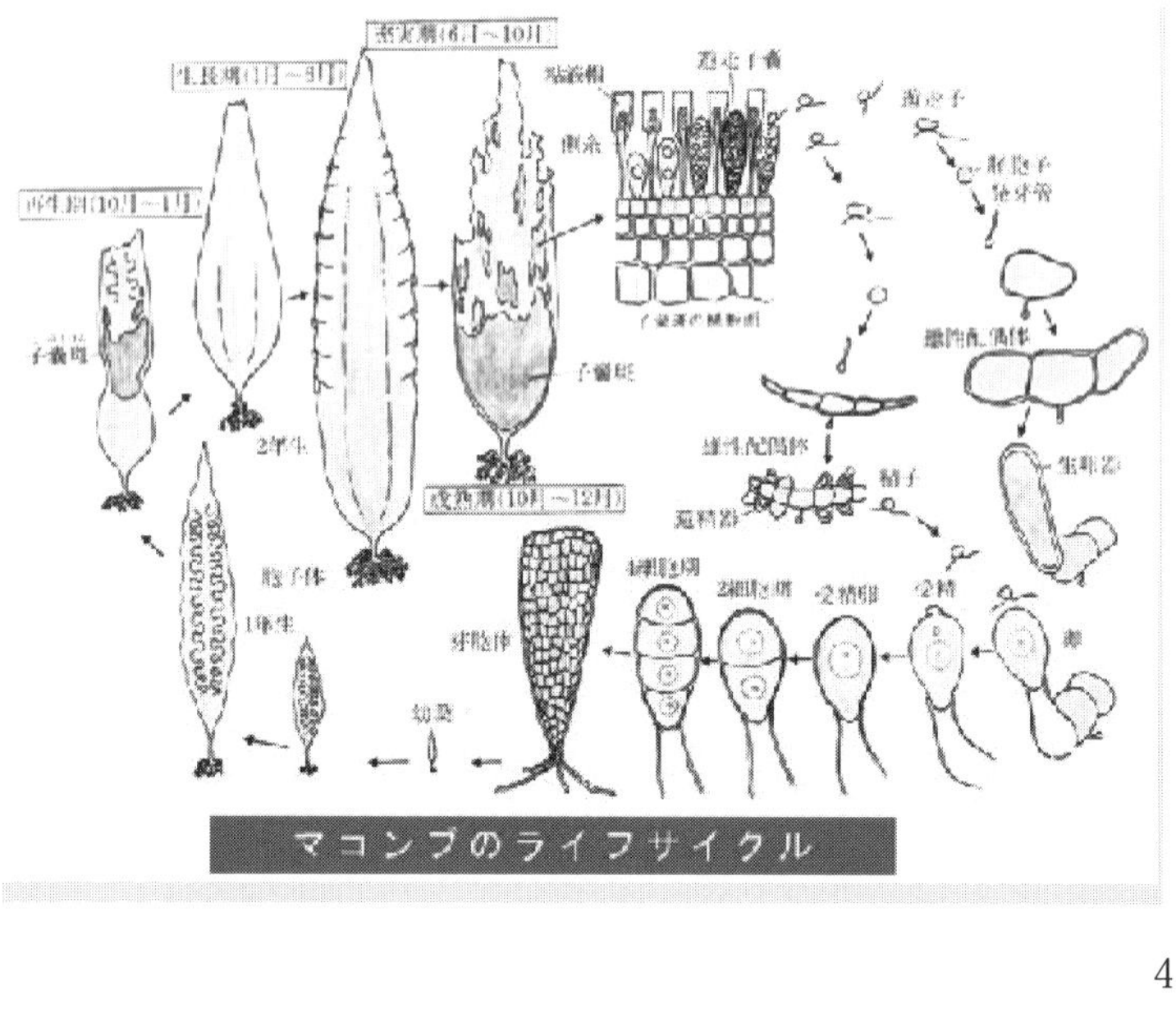

## 昆布の種類と産地

昆布は日本ではほとんどが北海道で産する。しかも地域ごと品種が違っているのが特徴である。ここでその種類と産地について簡単にまとめておく（大島剛著『海藻の栄養学』）。

**①真昆布（函館〜噴火湾）**

北海道道南の白神岬から函館市恵山から噴火湾にかけての地域に生育する。古くから皇室や将軍への献上物として高品質のブランドを形成している。

**②利尻昆布（稚内・宗谷地域）**

利尻島、礼文島など留萌、稚内、宗谷地域で生育する。甘味もあり、上品な味が出るので、京料理などの吸い物によく使われる。湯豆腐にも使われる。また、高級おぼろ昆布やとろろ昆布にも加工される。

**③羅臼昆布（知床半島）**

知床半島の根室側沿岸のみに生育する。横幅が広く、濃厚なだしがとれるので蒸し物や鍋物などの出汁に適している。

### ④日高昆布（三石昆布・日高地方）

主として高浜、門別、厚賀、静内、春立、三石で採れる。渡島半島の恵山、古武井尻岸内でも採れる。柔らかくなりやすいので、煮物の具材や昆布巻に適している。味もよいのでだし昆布としても使われる。

### ⑤長昆布（釧路地方）

釧路東部厚岸、散布、浜中などで採れる。葉は6～18センチメートル、長さは最大20メートルに達する。佃煮、昆布巻き、煮昆布、おでん昆布として使用される。

### ⑥細目昆布（道南福島町～檜山、後志～粘前）

1年生の昆布で切り口がなく、細目で粘りが強い。トロロ昆布、納豆昆布の材料として使われる。

昆布の産地

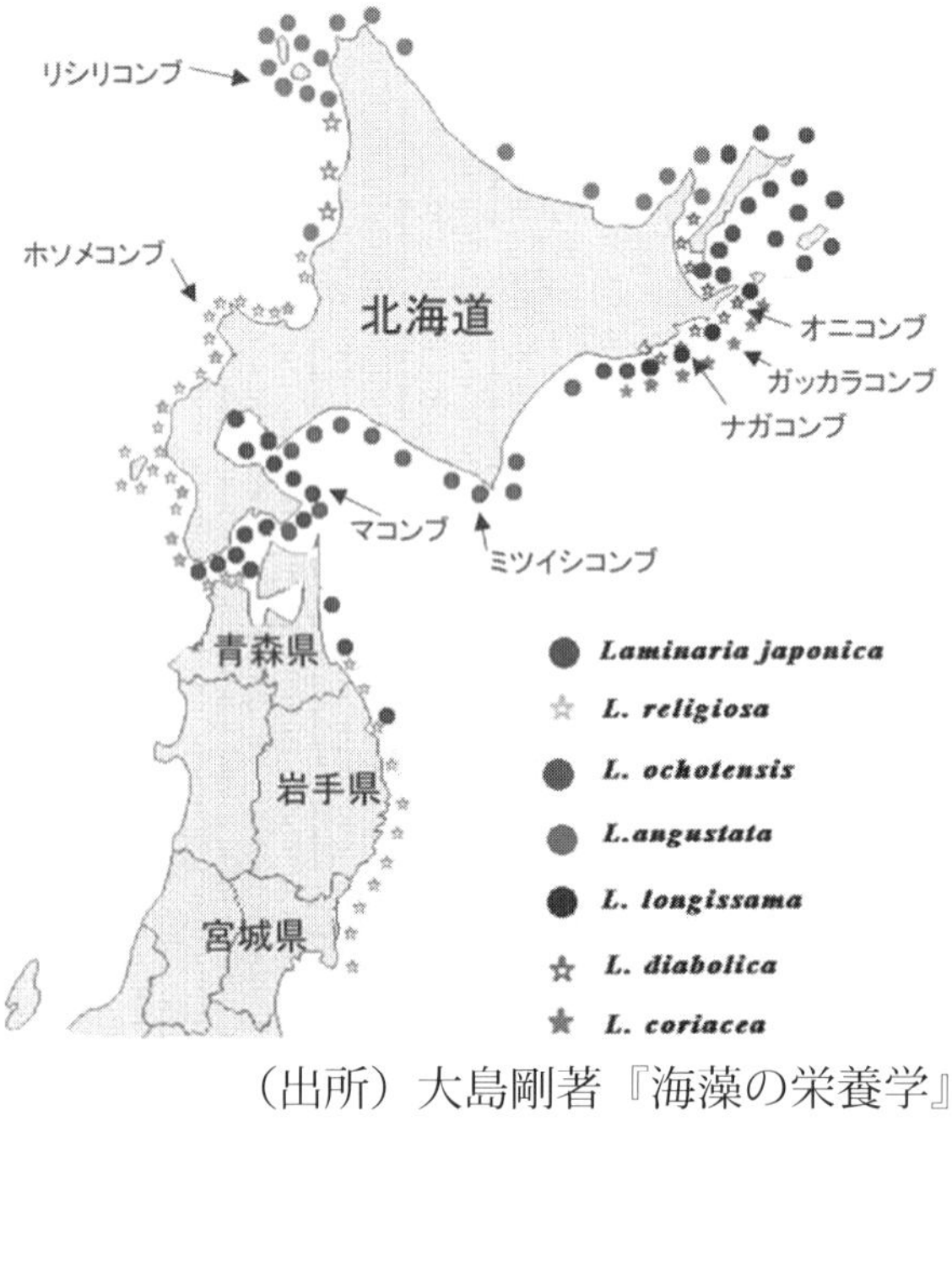


（出所）大島剛著『海藻の栄養学』

## ３　昆布の栄養分と昆布料理

昆布の栄養分は次表のようである。栄養分は豊かでカルシウムやヨウ素を多く含むだけでなく、ポリフェノールやフコイダンは、血液をさらさらにし、抗ガンの効果があるといわれている。単位当たりのカロリーが少なく、食物繊維が多く含まれるので美容にもよい。

**①カルシウム**

歯や骨の形成を助けるカルシウムは牛乳の六倍以上含まれており、育ちざかりの子どもや産後の主婦にすすめられる。

**②ヨウ素**

ヨウ素は甲状腺ホルモンをつくるのに重要な役割を果たし、体や知能の発育促進するはたらきをする。

**③食物繊維**

昆布には、水溶性食物繊維であるアルギン酸とフコイダンが含まれている。その含有量はご

昆布の成分（100 gあたり）

| 食品成分 | 廃棄率 | エネルギー | 水分 | たんぱく質 | 脂質 | 炭水化物 | 灰分 |
|---|---|---|---|---|---|---|---|
| 単位 | % | kcal | g | g | g | g | g |
| 藻類/(こんぶ類）/えながおにこんぶ/素干し | 0 | 138 | 10.4 | 11.0 | 1.0 | 55.7 | 21.9 |
| 藻類/(こんぶ類）/がごめこんぶ/素干し | 0 | 142 | 8.3 | 7.9 | 0.5 | 62.1 | 21.2 |
| 藻類/(こんぶ類）/ながこんぶ/素干し | 0 | 140 | 10.0 | 8.3 | 1.5 | 58.5 | 21.7 |
| 藻類/(こんぶ類）/ほそめこんぶ/素干し | 0 | 147 | 11.3 | 6.9 | 1.7 | 62.9 | 17.2 |
| 藻類/(こんぶ類）/みついしこんぶ/素干し | 0 | 153 | 9.2 | 7.7 | 1.9 | 64.7 | 16.5 |
| 藻類/(こんぶ類）/りしりこんぶ/素干し | 0 | 138 | 13.2 | 8.0 | 2.0 | 56.5 | 20.3 |
| 藻類/(こんぶ類）/刻み昆布 | 0 | 105 | 15.5 | 5.4 | 0.5 | 46.0 | 32.6 |
| 藻類/(こんぶ類）/削り昆布 | 0 | 117 | 24.4 | 6.5 | 0.9 | 50.2 | 18.0 |
| 藻類/(こんぶ類）/塩昆布 | 0 | 110 | 24.1 | 16.9 | 0.4 | 37.0 | 21.6 |
| 藻類/(こんぶ類）/つくだ煮 | 0 | 84 | 49.6 | 6.0 | 1.0 | 33.9 | 9.5 |
| 調味料及び香辛料類/(だし類)/昆布だし | 0 | 4 | 98.5 | 0.1 | Tr | 0.9 | 0.5 |
| 調味料及び香辛料類/(だし類)/かつお・昆布だし | 0 | 2 | 99.2 | 0.3 | Tr | 0.3 | 0.2 |

ぼうの約五倍、さつまいもの約八倍に及んでいる。

**④ミネラル**

海藻には全体的に多様なミネラルが多く含まれているが、特に昆布にはマグネシウム、ナトリウム等の含有物が多い。

**⑤タンパク質**

昆布にはうま味成分であるグルタミン酸、アスパラギン酸や甘味をもつグリシン、甘リン、フロリンも多く含まれ、必須アミノ酸のバランススコアも最も高い。

## 昆布と健康・美容

### 美容

ヘルシーヘアー
低エネルギーのダイエット
皮膚を紫外線から守る
肌を美しくする

### 健康

ニコチンの害を中和する
貧血にならない
老化防止
便秘に効く
おなかをきれいにする
鉄分が豊富
長寿になる
糖尿病防止
ストレス解消によいカルシウム
頭がよくなる
成人病予防
血液の流れをスムーズにする
歯周病・味覚障害予防
粘膜保護・食道炎改善
食物を胃に長くとどめる
二日酔い予防
ガンに効く
高血圧予防
動脈硬化を防ぐ
骨粗しょう症を防ぐ
甲状腺腫予防

（出所）ＤＶＤ『コンブのすべて』

## 昆布を使った料理

このように昆布は健康・美容・アンチエイジングに大きな効能を持っているが、食材として、だしにしたり、昆布巻き、昆布しめ、塩昆布などさまざまな用途に使われている。

### ①昆布巻き

薄くて煮上がりのよい昆布を用い、にしん、たら、さば、たらこ、さらにはキングサーモンやフォアグラなどに巻き、甘い味に仕上げる。今では一般の食材としてスーパー等で手軽に入手できるが、高級品は贈答品として利用される。

### ②塩ふき昆布

角切りや細切り昆布を水、しょう醤油、みりん、砂糖などをまぜて長時間煮て、塩を混ぜて熟成させる。

昆布巻

とろろ昆布入り厚焼き卵

**③とろろ昆布、おぼろ昆布**

酸溶液に漬け柔らかくした昆布をプレスし、それを糸状になるように削ったものをとろろ昆布、帯状になるように薄く削ったものをおぼろ昆布という。

**④松前漬**

昆布とするめをしょう油、酒、砂糖、酢を合わせたタレを入れて漬けたもの。

そこに数の子やにしんなどを加え、贈答品として多く利用される。

**⑤佃煮**

昆布に味付けをしよく煮たもの。

**⑥根昆布**

昆布の根元に近い部分。固いが一晩水につけるとうまみが出る。

松前漬け

昆布と椎茸の佃煮

**⑦昆布茶**

昆布を粉末にし、調味料と塩で薄く味付けしたもの。湯を注いで茶のように飲んだり料理の味付けにする。

**⑧昆布醤油**

昆布を発酵させて醤油をつくると独特の風味が出せる。

昆布醤油

昆布茶

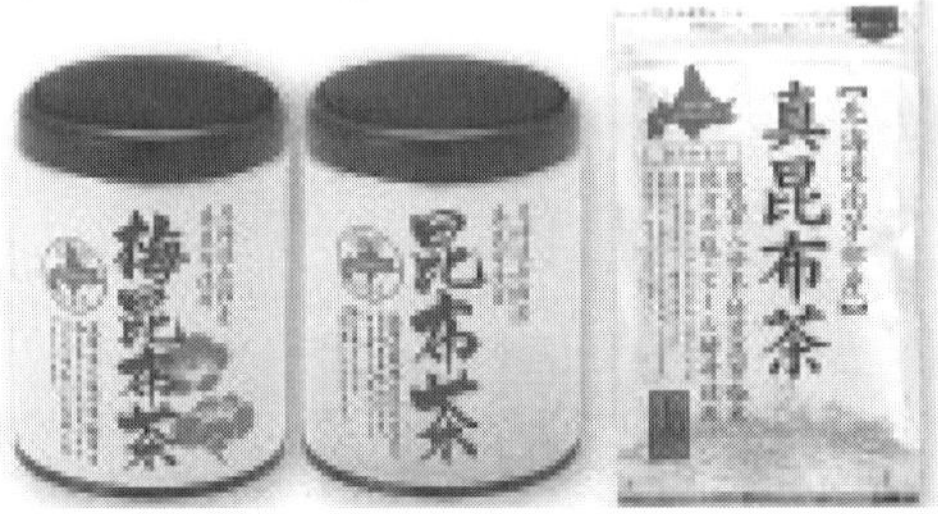

## 4　真昆布のふるさと・南茅部

北海道・道南の南茅部（現函館市）は津軽海峡に面した海岸段丘地である。

この地域では今から9万2千～2万3千3百年前の縄文遺跡が次々見つかり、発掘されている。その研究によると、その頃は今より温暖でこの地域が人々の暮らしやすい地域であり、津軽海峡を挟んで本州青森の三内丸山遺跡群の人たちとも交流や交易があったとされている。

この風光明媚な沿岸が、「真昆布」の生育に極めて適しており、古くから天然昆布の一大産地であった。そこに戦後昆布の養殖技術が持ち込まれ、この養殖昆布も日本一の高級昆布の名声を得ることになった。昆布はまさにこの地域の宝となっているのである。

南茅部の風景

## 縄文遺跡群

この地域では古くから縄文の遺跡群があることが知られていたが、平成に入って大船遺跡など様々な竪穴住居群が次々に発見されている。昭和50年には国宝にもなっている中空土偶が見つかったことでも有名である（注１）。

　１９９２年に発行された朝日新聞社の『三内丸山関都北の縄文遺跡』では当時、海は食料となる塩分取得の場であり、交通のルートでもあったと想定したうえで「乾燥したサケや昆布、海藻など」を交易していた可能性が高いだろう」としている。

（注１）南茅部地区は北海道最古の川汲遺跡をはじめ88カ所、延べ面積１５０haの遺跡が集中している。

大船遺跡

### 志海苔の古銭

南茅部と隣接する恵山（函館下海岸と呼ばれる）の志海苔の遺跡から発見された大量の古銭は日本のあちこちに流通していたものであり、これは昆布がこの時にはかなり全国に出回っていたことを示すものである。これについては１９３４年に国の史跡に指定されている。

志海苔の遺跡

志海苔の遺跡から出てきた古銭

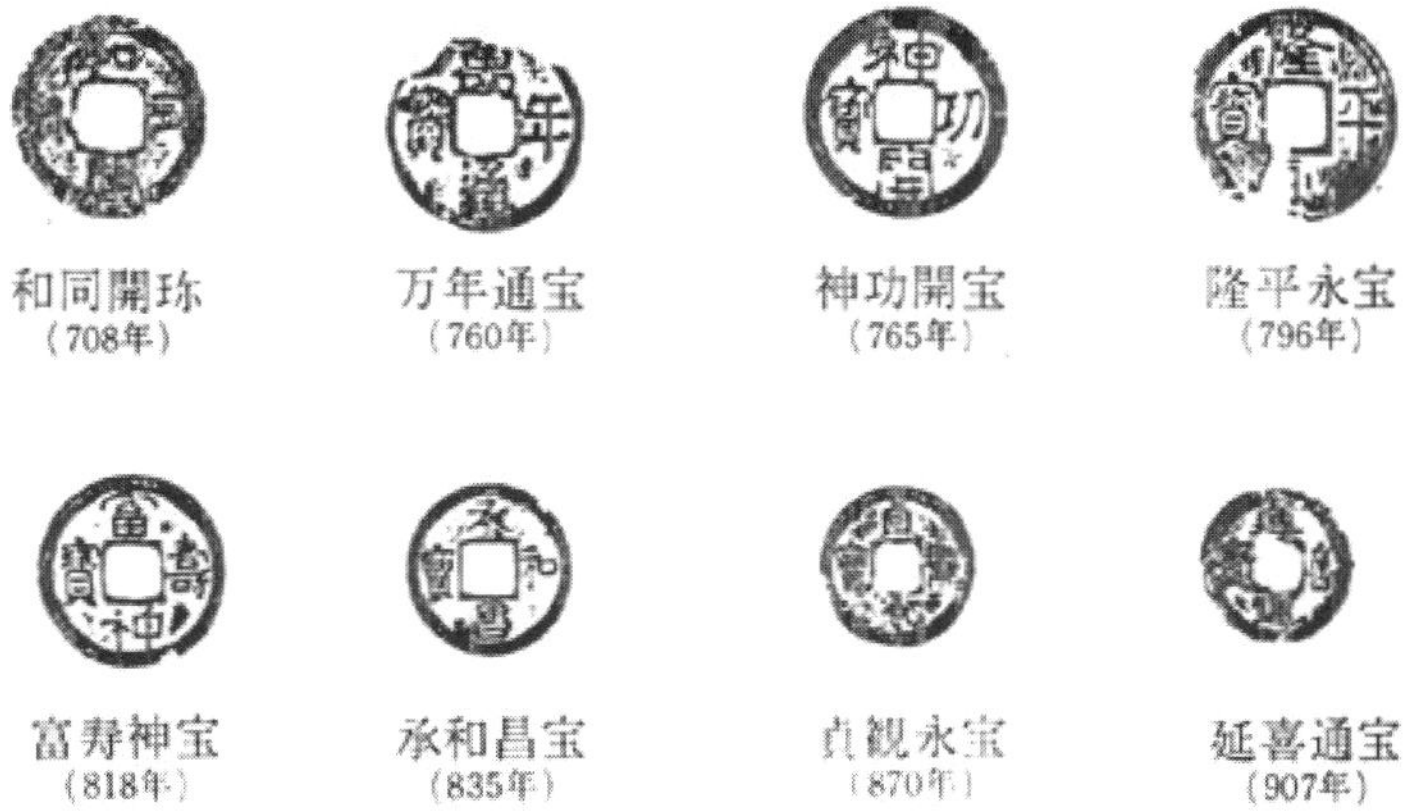

## 「昆布ロード」の形成

また、江戸時代には北前船の返り便には昆布とニシンが主たる積荷であった。この昆布は京都では日本料理の原点である「だし」の素であったし、栄養分にもすぐれていたので全国的な流通網を形成していた。

江戸時代には、後に「昆布ロード（注2）」とよばれる流通が確立し、沖縄、さらに中国にまで流れていた。そのような歴史もあり、沖縄は昆布の一人当たり消費量は全国一位である。

当時、この地域に住んでいたアイヌの人々の労働に依存していたようだが、その様子は様々な記述に残っている。

（注2）江戸時代に北前船が発達すると日本海側を中心とする昆布の交易が盛んになり、それが琉球（沖縄）、中国にまで延びていた。これが「昆布ロード」と呼ばれるようになった。

昆布採取の図

コンブロード

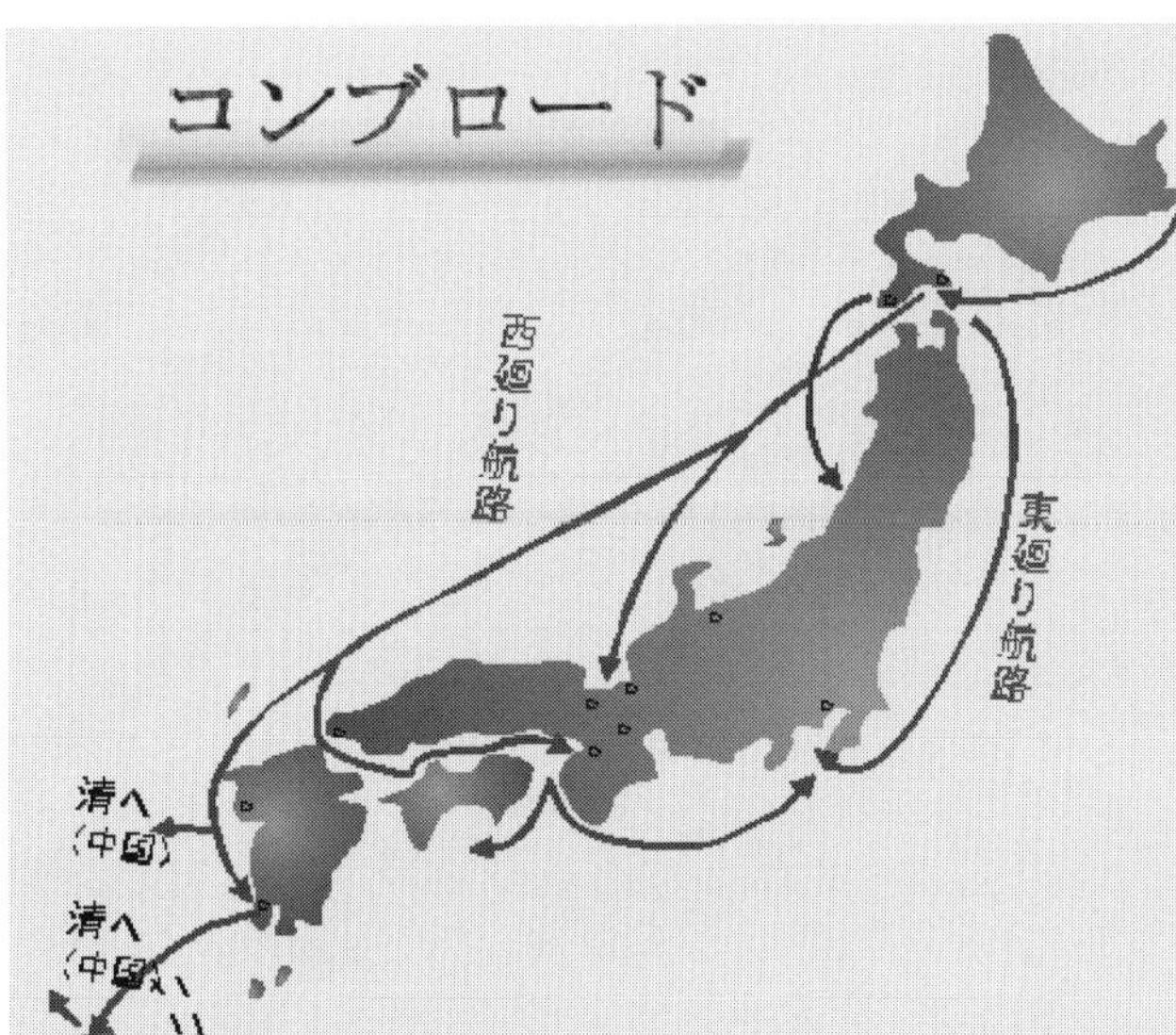

## 献上昆布

この地域の真昆布（白口洗昆布）は当時から高品質と認められ、将軍家や天皇家に献上されてきた。昭和初期には天皇に献上されることになり、地域で大きな話題となったことが報じられている。ホームページをみると、今でも白口浜の献上昆布はブランド昆布であることがわかる。

献上昆布

## 南茅部町史に記された献上昆布の様子

御料品昆布採取

御料品乾場

御料品奉置所

謹　製

御　料　品　謹　納

## 5　昆布養殖のイノベーション

北海道・道南の噴火湾に面する南茅部（現函館市）は古くから「真昆布」の拠点であった。しかし、これを天然ものに頼る限り、天候による生産量の変動が激しく、生育には2年もかかるため、事業もしくは産業としては魅力のあるものではなかった。漁業者は冬場、本州へ出稼ぎにでかけねばならなかった。

その姿をガラリと変えたのが、昭和41年（1966年）に始まった養殖による促成栽培事業であった。今でこそ南茅部の養殖昆布は年間約3千トンと天然昆布をはるかに上回るようになり、地域産業として安定したポジションをもつようになったが、その実現にあたっては養殖技術におけるイノベーションがあり、それを推し進めた関係者の大変な努力があった。

### 海藻培養の先行研究

海藻養殖の研究については1960年頃から様々なされた。ニューヨークのパスキン研究所のプロバリー博士、長谷川由雄さんの共同研究者であった三本菅（さんぼんすが）善昭さんらの研究も進んでいた。しかし、人工の培養液だけではどうしてもうまくいかなかった。

**補強海水の発見**

様々な試行錯誤が行なわれたが、ある時、天然の海水を培養液に使うことにより、培養がうまくいくことがわかった。昆布の場合、天然の海水をベースにビタミンを抜いてヨードを加えるのがよいことも明らかになり、これを「補強海水」と呼んだ。この他にも光の調整などの工夫をすることにより、実験室で昆布の培養ができることになった（以上朝日新聞２００２年８月２日『いのち育むもの』より要約）。

**長谷川由雄さんの貢献**

当時北海道区水産研究所の養殖部長であった長谷川由雄博士（故人）は、昆布生態研究の知見から、外海移植の可能性を追求されて北大の施設を活用し、水槽での育成、成熟までの完全培養を世界で初めて成功させ、それをこの南茅部で試験培養した。

昭和41年これが北海道開発局の補助事業として取り上げられることになり、その統括指導を長谷川さんが務めることに

長谷川由雄さん

なった。そして天然真昆布のメッカでもあった南茅部の川汲漁業協同組合（当時組合長の福嶋松四郎）と相談することになった。

## 進取の精神

南茅部は、北海道で最初に大謀網漁法をはじめた地である。昆布の養殖についても、昭和37年頃、尾札部で取り組んだ経験があった。これについてなかなかうまくいかなったので、今回の話にもはじめは疑問視する人も多かった。

それでも、長谷川さんは、日本一の昆布の生産地で試験することに意義があると考え、熱心に説得し、川汲漁協の協力を取りつけた。

実験は試行錯誤であったが、構造物の建造、ロープの選定、種つけの方法など様々な工夫の結果、昆布が順調に生育し、品質的にも天然のものとひけをとらないものができることがわかった。しかも、今まで2年かかっていたものが1年で収穫できるようになったのである。

大謀網発祥の地

## 6　地域産業としての養殖

その後、この養殖事業に参加する組合員が川汲地区だけでも100漁家近くになり、地区以外の漁業者の参加も急速に増加し、本格的に産業化が行なわれていった。

そのためには、基盤となる種苗培養施設が必要であり、行政の支援を受けながら、川汲種苗センターをはじめ、臼尻、尾札部、大船、安浦とすすみ、平成16年には、効率的で近代的な東部地区昆布種苗センター、平成17年に西部昆布種苗センターが建設されていった。

今では天然ものが5百トンに対し、養殖ものが3千トンの生産量となっている。

この養殖のための管理は大変であるが、安定した生活を営むことができることから、従来のような出稼ぎはなくなり、地域産業としての基盤が形成された。

地域産業としても、加工場の拡張整備、粉末加工場の建設、さしみ昆布の加工、漁協直営の加工販売、青年部の昆布オーナー会などが生まれてきた。

昆布養殖の様子

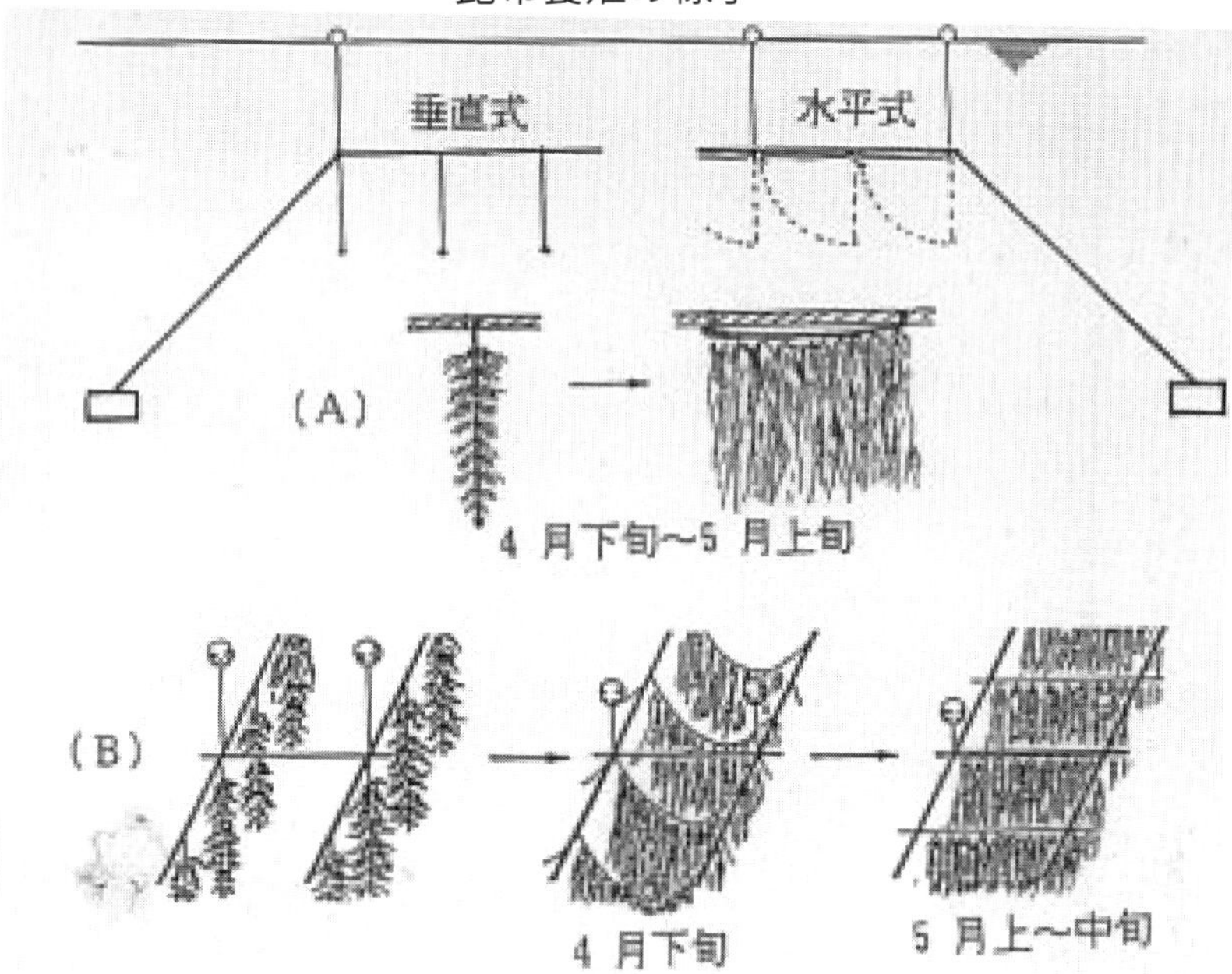


昆布の里ロゴ

konbunosato.com

JF

南かやべ

## 東部地区昆布種苗センター

地元の昆布メーカー

昆布の里アンテナショップ

## ＝対談＝

# 真昆布養殖の拠点・南茅部

## 飯田満（元南茅部町長）

## 小板作次郎（元川汲漁業協同組合長）

（聞き手：鈴木克也）

――南茅部にとってこの昆布養殖はどのような意味があったのですか。

**飯田元南茅部町長**

南茅部は古くから天然真昆布の一大産地でした。この地域に広がっている縄文時代の遺跡群からも当時の人たちが海藻を食べていたであろうと推測されておりますし、室町時代には恵山の昆布が日本のあちこちに流通していたのではないかという説もあります。江戸時代にはこの地域で活躍していたアイヌの人々が昆布採取をしていたという資料も見られます。

これが北前船を通じて全国に流通していたのです。

また昭和期には、天皇陛下への「献上昆布」としても大きなニュースとなっています。

このように、この地域は古くから昆布の一大産地だったのですが、天候などの影響で毎年の収穫量の変動が大きく、生産までには2年もかかるので経営としては安定せず、漁師は冬場出稼ぎに出なければなりませんでした。

そこに養殖の促成栽培が導入されたおかげで、経営が安定し、高品質のブランドが維持されたのですからこの効果は絶大でした。

私が南茅部町長になった昭和58年（１９８３年）にはすでにこの事業がスタートしていたのですが、この成功のためには長谷川由雄さんの貢献がとにかく大きかったです。

私はこれを「ノーベル賞ものだ」と言い続けてきました。平成元年（１９８９年）には南茅部の町制施行30年を記念して真昆布顕彰碑を役場前に作りましたが、その中に「昆布養殖事業が長谷川由雄博士により成功した」ことを刻みました。また、平成15年（２００３年）には北海道功労賞を授与され、やっと私たちの思いがかないました。

南茅部の海岸

**小板元川汲漁業協同組合長**

私は、川汲漁業協同組合の理事をし

ておりましたが、福嶋組合長からこの計画を任せるからといわれました。当初は不安と疑問ばかりでしたが、長谷川先生の熱心さと、次から次への宿題で右往左往の連続でした。

幸い、吉村捨良理事（故人）が担当となり、8名の漁業者が手をあげてくれました。そして、長年大謀網で培った技術を基本施設に活かす工夫と養成綱の細やかな管理など、先生の膝詰めでの指導で成功への道を実証することができたのです。

昆布が順調に成長することがわかってくると皆の雰囲気はガラリと変わりました。今では南茅部全地区で、約四百戸の漁家が養殖をしています。

――このプロジェクトの成功の理由は何ですか。

**飯田元町長**

それは、なんといっても長谷川さんの貢献が大きかったのですが、これに対して北海道開発局の支援と地元漁業者の積極的な取り組みのおかげで産業化の道を順調に拓くことができたのです。もう一つは、北海道水産技術普及指導所の現場指導を忘れてはなりません。

**小板元組合長**

私はいつも長谷川先生と漁業者の間にいましたが、とにかく長谷川先生の「現場主義」は徹底したもので、何かあるとすぐに飛んできて私たちの話を聞いてくれました。ちょっと一般の研究者とは違っていましたね。

真昆布顕彰碑

先生は雨の日でもカッパをまとい、風の強いときには手ぬぐいでほっかぶりをし、冬の海上では鼻水を流しながら一緒に作業してくれました。大変でしたが結果としてこのプロジェクトが成功したので、本当にやりがいがあったと思っています。先生はこの地の救世主だといつも心から離れません。

平成22年11月には現在の鎌田組合長の発案で、養殖事業のあゆみ『昆布を育てる』を発刊し、同時に長谷川先生への「感謝の集い」が開催され、忘れがたい思い出になりました。

――地域産業としての養殖昆布のポジションはいかがですか。

**飯田元町長**　現在、南茅部の昆布生産量は全国の約15％を占めています。特に養殖昆布が約３千トンで１年で促成栽培されますので、経営的にも充分成り立つ産業となりました。

これをベースに近代的な培養センターや加工場なども整備され、地域の一大産業となっております。

幸い海外でも和食のうま味に関心が高まっており、昆布への期待を特に感じております。これからは、生産地として地域をあげて取り組まなければならないと思っております。

**小板元組合長**　産業としてみると天然昆布が13億円、養殖昆布が36億円というところでしょうか（平成26年ベース）。いずれにしても、この地域の一大産業となっています。
長谷川先生は常に栽培技術を公開されておりました。東北方面にも普及されておりましたし、海外にももっていきました。しかし昆布は自然環境に大きく左右されることから、南茅部は条件に恵まれていることに感謝しなければならないと強く感じております。

――今後の課題としてはどのようなことが考えられますか。

**飯田元町長**
南茅部は、平成16年（２００３年）に函館市と合併いたしました。その前年の平成15年（２００２年）に町内６つの漁業協同組合が合併されたのです。その際に「日本一の昆布の里づくり」が大きな目標でした。
養殖事業も他の漁業権との調整をすすめ、海域の有効利用や直営で加工センターの運営にも取り組まれております。
しかし、他の地域と同じように、この地域も高齢化が進んでいるので、どのようにして後継者を育てていくのかが大きな問題となっています。この地域が真昆布のふるさとであり、品質的には皇室への「献上昆布」となっているというこのブランドを守っていく必要があります。

　全国のマーケットからするとこの真昆布が函館産であることを知らない人も多いのではないかと思います。

　新幹線もきましたし、オリンピックもあるので、この機会に函館産という商品名を使えないのかとの検討も必要だと思います。

　そして何より、この南茅部の地が昆布のメッカであるという誇りをもち、これを守り抜き、後世に伝えていく努力をする必要があります。

**小板元組合長**

　先ほどふれました「昆布を育てる」を担当された編集委員会が、「養殖事業は多くの方々の熱意と努力で成功したが、豊饒の海、豊かな森、山河の恵みを忘れてはならない」と後記に残してくれました。ここには後世への深い思いが込められています。

　この南茅部は縄文時代の遺跡群がたくさんあることも特徴です。新幹線もきたので観光等で訪れる人をもてなすことを考えるとよいと思います。昆布と縄文観光を結びつけるようなこともできたら面白いと思います。

昆布培養センターにて

## 7　未来に向けての課題

このように昆布は日本の食文化として十分定着してきたが、最近の若者の食生活の中で、その需要はそれほど堅調とはいえない。また、韓国や中国からの低価格の輸入品が市場価を壊している面もある。

一方、最近は世界での和食ブームの盛り上がりもみられ、そのベースとしての昆布の位置づけも高まる可能性もある。

そのような環境変化も踏まえて、今後の展開をはかるためにも、生産基盤である産地の後継者問題を克服するとともに、養殖・加工技術の一層の研鑽、さらには、昆布文化を改めて見直し、新しいブランド化や国際展開をはかっていくことが必要である。

そのような未来のための布石となるような新しい動きを見ておこう。

### 新しい研究開発

昆布はこれまで長い歴史をもっており、採取・養殖・加工について様々な研究イノベーションが行なわれてきた。しかし、世界的な視点でみると残されている研究課題も多い。

未利用資源としてはここ10年間で大きな成果をあげた「ガゴメ昆布」の開発があるが、最近、新たに「ダルス」が話題になっている。これは部分的には欧米でも食べられていた海藻であるが、豊富な栄養分があるとともに、熱すると緑色がくっきりする。薄くて食感が欧米人の嗜好にも合うというので注目されはじめた。

また、コンブ類ではなくホンダワラ科であるが、最近注目されているものに「アカモク」がある。これは全世界に資源量も多く、これを粉末にすることによって大きな需要が見込めるのではないかと話題になっている。

また、昆布をはじめとする海藻の利用については一般の食用だけではなく、薬品や化粧品、さらにはエネルギーとしても利用可能なものが多く含まれる。

これらの研究を今後も持続的に行なっていくには、そのためのインフラとしての研究施設が必要である。その意味で最近函館市に建設された国際水産・海洋総合研究センターの役割は極めて大きいと思われる。

国際水産・海洋総合研究センター

## 昆布文化の普及

北海道昆布館は1993年に福井の流通資本であるヤマトタカハシ株式会社が函館郊外に設置したものである。

この施設ではおぼろ昆布やとろろ昆布の製造工程を見学したり、昆布の映像をドームでダイナミックに紹介するミュージアムがある。もちろん昆布製品も販売されており、函館における昆布文化発信の拠点となっている。これまでも観光ルートのひとつとして大きな役割を果たしてきたが、今後は新幹線の新駅がすぐそばにできたこともあるので、さらなる魅力アップが求められるところである。

ヤマトタカハシの会社概要

| | |
|---|---|
| 会社名 | ヤマトタカハシ株式会社 |
| 創業 | 1949年 |
| 資本金 | 5040万円 |
| 代表取締役会長 | 高橋一夫 |
| 代表取締役社長 | 北村　裕 |
| 事業所 | 本社、敦賀昆布館、敦賀工場<br>北海道昆布館（函館） |

## 北海道昆布館の様子

昆布ファクトリー

コミュニティショップ

イマジカドーム

コンブミュージアム

（北海道昆布館ＨＰより）

## 国際的ブランドの確立

昆布のブランド価値を高め、国際的展開に備えるためには、そのための商品開発の努力や情報発信の工夫が必要である。

先述したように、函館のマルキチ食品がフォアグラ巻などを含めて世界のブランドを確立するため、モンドセレクションの賞をとったり、加工の生産管理についてはＩＳＯの認定をとるなどは将来の国際化に向かっての準備である。また最近は、世界に向けたパッケージングの準備などをはじめているのは評価に値する。

しかし、昆布を食べる風習がない世界の人にこの魅力を伝えていくのは並大抵のことではない。あせらずに着実に進めていくことが必要であろう。

その点で西欧人たちがサラダとして食しているという「ダルス」（注３）は日本では未利用である。これは函館の南茅部などでも沢山とれ、やっかいものとして捨てられているものである。

ダルスは熱するときれいな緑になるという点と、フコイダンやポリフェノールなどの栄養成分が豊富に含まれ、薄くてシャキシャキとして口さわりが良く、欧米人にも受け入れられやすいのではないかということである。これが今後どのように受け入れられていくかは未知数であるが、従来の日本人の利用とは違う形で花開くということも考えられる。

これらのことを含めて、今後、昆布を世界的な広い視点からとらえ直し、採取・養殖・加工技術を磨くとともに、その文化価値をも大切にする努力を続けることが求められる。

（注３）「ダルス」については道立工業技術センターにおいてその有用性が報告され、北海道新聞やＮＨＫで大きく報じられたので、最近にわかに注目されるようになった。

〈第２章参考資料〉


・北海道函館市南かやべ漁業協同組合『昆布を育てる』２０１０年11月
・函館プロミネンNO.17『道南の海に生きる』２００４年11月　北海道開発建設部
・北海道新聞社編『北の縄文』１９９８年12月
・朝日新聞社編『三内丸山遺跡と北の縄文世界』１９９７年８月
・南かやべ漁協合併推進協議会『私たち漁業者の決意表明』
・函館昆布館『ミュージアム・サイエンス内展示資料』
・（社）日本昆布協会『昆布』松本政雄　１９９５年10月

# 第3章

# 町民の食文化となった海苔

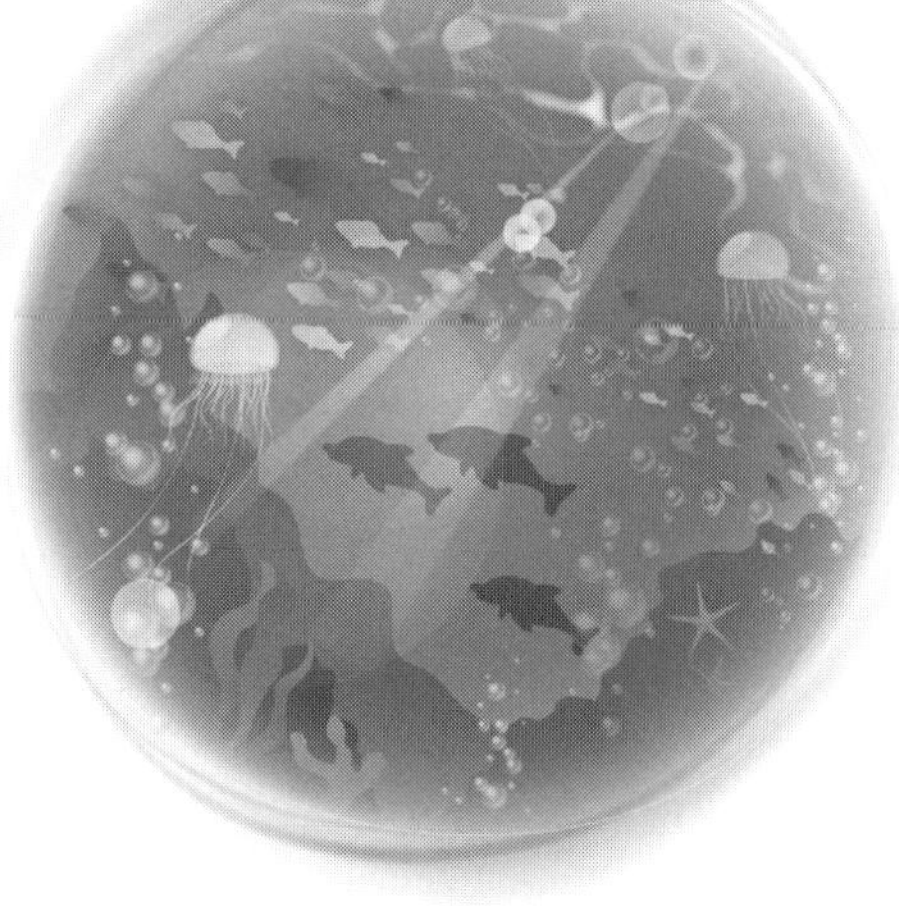

## 1 「海苔の日」

日本沿岸に自生している多くの海藻の一つとして海苔があり、これは縄文時代から食されてきた。

神話に出てくる日本武尊（やまとたけるのみこと）が見たという海人の海藻採取の姿や万葉集に出てくる海藻に関係する歌についても海苔の一種だとされている。

しかし、そのルーツとして文書で歴史に登場するのは701年の「大宝律令」の中で、地方特産品の紫菜（むらさきのり）が租税対象としてとりたてられることが記されている（注1）。

これを記念して全国海苔貝類漁業協同組合連合会では1966年に、2月6日を「海苔の日」と定めた。

その後、昆布や海苔は奈良・平安時代には朝廷の神事としても取り上げられ、貴族文化の一部となった。鎌倉・室町時代には仏教の精進料理として利用され、戦国時代には出陣の儀式や陣中保存食としても重宝されてきた。

（注1）日本最古の法律書である大宝律令において、海藻が税の一部として記されており、その中に海苔が含まれている。

## ２「浅草海苔」の誕生と生産の本格化

### 浅草海苔の誕生

海苔は最古の歴史を持つ「出雲海苔」を始めとし、鎌倉時代以前から名の知れた産地があった。浅草海苔が登場するのはそれからずっとのちのことである。

江戸時代、当時は、浅草の近辺まで海が広がっており、その周辺で海苔がとられていた。浅草観音の門前市では、この海苔を販売し始めた（注２）。

これが「浅草海苔」と呼ばれ、明治になってからその学名が「アサクサノリ」と命名された。その後、大森・品川などが中心となり、それも含めて江戸前の海苔は「浅草海苔」と通称されるようになった。

（注２）江戸時代の初期は浅草のそばまで海岸線が迫っており、周辺で海藻が自生していた。

浅草寺

その後、江戸の人口増と消費力のアップを背景に「浅草海苔」がブランドとして有名となったのである。これを最初に広めたのは、浅草寺の創始者でもあり、後に徳川家の菩提寺としての寛永寺の建立者になった天海僧正といわれている（注3）。

江戸時代の初期には、浅草海苔は寺院の供物や武家の贈答品を中心とし、一般の町民にとっては寺院参拝の土産物としての位置づけであった。

浅草海苔問屋

浅草ノリ問屋・中島屋平左衛門　向って左のかごを担いでいる人は生ノリの売りこみ、向って右は干ノリの行商人（東遊）

（注3）宮下章著『海藻』の中には、浅草寺の僧正が寺院にこれを送り、仏法の教えとともにこれを拡げたのではないかと紹介している。

## 浅草海苔問屋

海苔の生産・流通にあたっては資金も必要なので、海苔問屋が大きな役割を果たした。そうした中から１６５４年には、浅草の正木四郎佐衛門が東叡山の三代目に取り立てられ、御用商人として登場している。そのほか、当時の海苔専門問屋として名前が挙がっているのは、永楽屋庄右衛門、扇屋太郎兵衛、正木屋四郎左衛門、長崎屋伝助、井筒屋源七、中島屋平左衛門などが記録に残っている。これらの問屋は株仲間をつくり、幕府や寺院の庇護のもと、どちらかというと閉鎖的な利権集団を形成していた。それらが崩れるのは、後述するような養殖加工・流通のイノベーションが進み、全国的な市場が形成されるようになった江戸時代後半になってからであった。

## 技術面での工夫

このように浅草海苔は大きな市場を背景に拡がったのだが、その裏には生産・加工・保存の技術面での工夫があったことは注目に値する。

**（1）ヒビ建て養殖法**

１７１７年（江戸・元禄時代）浅草の漁師弥平が魚のいけすの棚に海苔がついていることをヒントに海で海苔の養殖を開始したともいわれている（注４）。

しかし現実にはそう単純なものではなく、もっと複雑なプロセスがあったとの説もある。いずれにしても、これは海苔だけでなく海藻の養殖技術のはじまりとしては画期的なものであった。

**（2）「抄き海苔」の工夫**

養殖と並んで海苔の普及を加速させたのは「抄き海苔」の創案であった。当時から浅草は「薄紙」の産地であり、この技術を応用したものだとされる。この薄く乾燥させた海苔を神社の供物にしたり、後には海苔巻寿司の材料に使われた。

**（3）「囲い海苔」の方法**

もう一つ画期的だったのは海苔の保存方法の革新であった。海苔は冬の三カ月しか採れず、湿気に弱いという特性がある。これを年中利用するためにはその保存技術が必要であった。そこに登場するのが、すでにお茶の保存法として使われていたカメに入れ、吸湿性の高い渋紙で封じるという方法であった。当時この技術をもっていたのが茶の流通業者であったところから、茶専門業者が海苔の事業を開始するようになったとされる。

（注４）これは宮下章著『海藻』の中での見解であるが、片田實著『浅草海藻盛衰記』では浅草海苔の技術開発はそれほど単純なものではなく、もっと複雑な過程があったとしている。

## ３　江戸町民の食文化として

江戸時代の初期、浅草寺の普及活動を中心にして始まった浅草海苔は、社会の安定と江戸の消費力アップによって町民の食文化として定着していった。歌川広重、国磨らの浮世絵の中にも登場するほどになった。

江戸時代も中期以降になると、全国各地から商人たちが江戸に集

浮世絵　海苔を焼く女

まってきた。生産面では江戸の規制が強かったせいもあり、その技術を各地に持ち帰って普及させたという経緯もある。その中で大きな海苔問屋が生まれてきた。

　江戸時代後期になると様々な町民文化が花開く中で、海苔も重要な食文化として定着し、江戸前寿司をはじめ、海苔を使った様々な料理が生まれてきた。

　宮下章著『海藻』の中で紹介されているものを表にまとめると次のようになる。これらはまさに「江戸町人の食文化」のシンボルだったといってさしつかえない。

浮世絵　品川大森での海苔取り（歌川広重）

## 海藻を使った料理

○**五目ずし**……すしの中にもみノリを交ぜてから、その上に椎茸や魚介類をのせたもの。

○**箱ずし**……酢に漬けた小魚、貝などを材料にして、それを小形に切りこれをノリ巻、熊笹にくるみ、軽く押して作った。

○**ノリ巻ずし**……当時は、ふぐの皮や紙をすだれ代りにし、魚を芯に入れて巻き四角い箱に入れ、重しをかけるという方法をとっていた。

○**むしり鯛とそばの茶碗盛**……ねぎと唐辛子をそえ、浅草ノリをもんでふりかける。

○**伊勢エビとハマグリに生ノリ**……平椀に盛り合わせ。

○**のりかわ**……ノリを焼き、細かくしてふるいにかけノリを入れて練る。これを豆腐、蒸しカキ、 蒸し白魚にかける。

○**ノリほいろ**……ほいろにかけたノリに醤油をつけ、乾す。

○**ノリまきいも** ……蒸して裏ごしした芋を、浅草ノリの上に伸ばし、小口から巻いて切る。

○**ノリまきちらしずし**……飯の代りに、きらず（卯の花）を使ったすしで、つなぎに卵を入れ、ごま油、醤油で味をつける。

○**子持ノリ**……長芋をゆで、裏ごしにし、砂糖と焼塩で味をつけ、ノリの上に薄く延ばし、炭火で乾し上げる。

○**ノリ飯**……あぶったノリを御飯に振りかける。

○**ノリかば焼**……つぶしてノリに巻く。

○**錦木**……焼き艶を出し、わさびを添える。

○**花巻**……あぶったノリをそばに振りまく。

（出所）宮下章著『海藻』より要約

## 4 「浅草海苔」の盛衰

江戸時代に花開いた浅草海苔の産業と文化は明治・大正・昭和へとひきつがれた。東京湾の大森・品川等の漁場での生産量は急増した。その後、昭和38年の漁業権放棄により、消滅する物語はまさにドラマチックであった。

左図は、日本全体の海苔生産量と生産規模の推移である。明治27年には東京が生産量では20％程度であったが、生産金額では50％近くのシェアになり、大正八年には数量金額とも50％以上のシェアになり、昭和３年には40％を上回るほどになっていた。地場産業としても、大森を中心として千軒をこす漁家と関連事業者が活発な産業活動を行なっていた。

それが戦後の工業中心主義と東京メガロポリス化の中で一挙に衰退してしまった。東京沿岸を急速に工業化し、その沿岸を空港やモノレールで固めるという日本全体の国家的経済政策であった。工業排水により東京湾は汚染され、羽田空港などの埋め立て河川をモノレール等に利用しようとの政策であった。その結果として高度成長が成し遂げられたのであるが、その犠牲となったのが東京の海苔産業であった。

これに対して地域の漁業者たちの強い抵抗が続いたが、昭和38年には漁業権を放棄せざるをえなくなってしまった。

衰退の経緯については片田實氏による『浅草海苔盛衰記』などに詳しく記されているが、結

# 海苔の生産シェア

## 生産量（貫）

| | 全国生産量 | 2位東京 | その他 |
|---|---|---|---|
| 明治27年 | 290,526 | 45,853 | 244,673 |

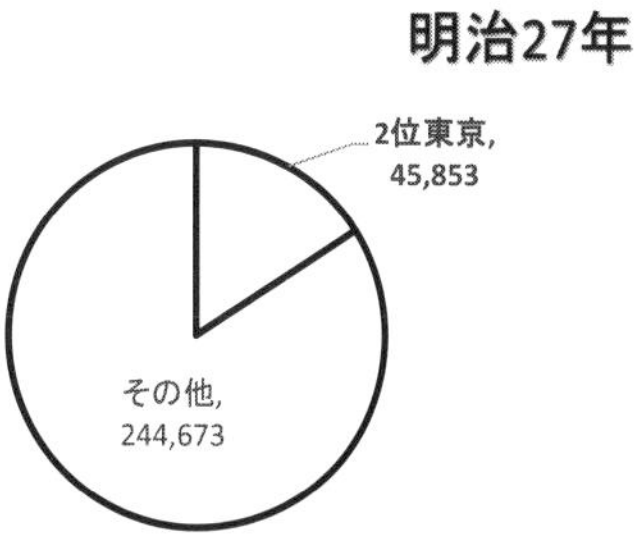


| | 全国生産量 | 1位東京 | 2位千葉 | その他 |
|---|---|---|---|---|
| 大正8年 | 2,360,347 | 1,164,869 | 562,881 | 632,597 |

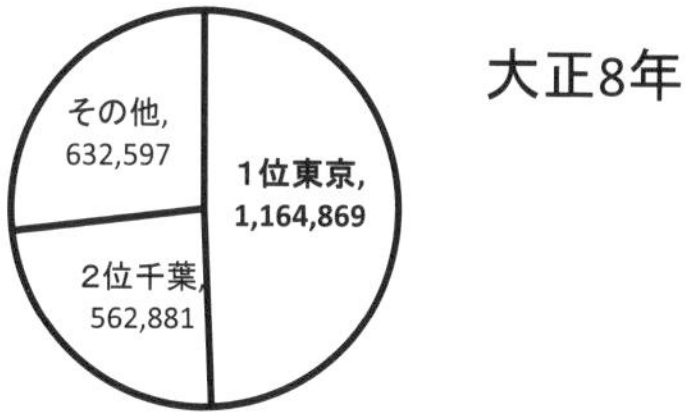


| | 全国生産量 | 1位東京 | 2位愛知 | その他 |
|---|---|---|---|---|
| 昭和3年 | 6,485,938 | 3,418,732 | 621,289 | 2,445,917 |

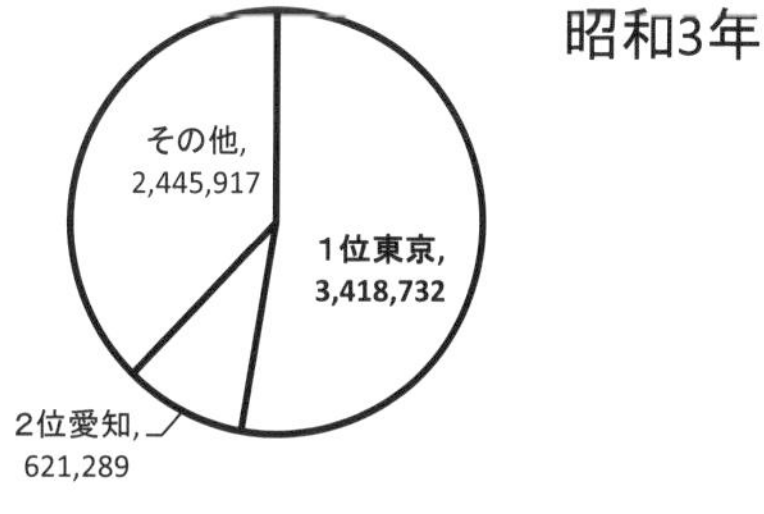


| | 全国生産量 | 1位宮城 | 5位東京 | その他 |
|---|---|---|---|---|
| 昭和24年 | 5,634,000 | 1,231,900 | 314,900 | 4,087,200 |

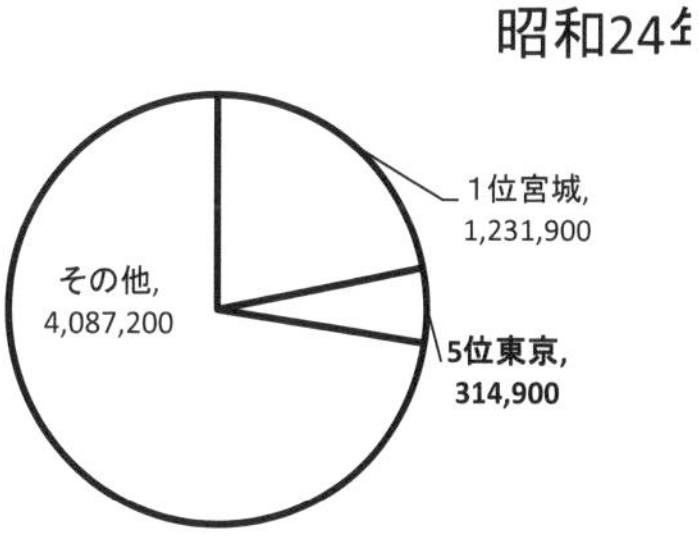

果的にこれらのことにより「浅草海苔」はほとんど消滅してしまった。

海苔産業としては戦後導入された近代的養殖技術を軸に佐賀、熊本、大分などの有明海が浮上し、トップの座を獲得することになる。

その後、東京湾岸にこのような産業や文化があったことを記録に残そうとの運動がおこり、当時使われていた道具や作業着なども集め、２００８年には地域のコミュニティ施設として「大森海苔のふるさと館」が開設された。

それを記録にとどめるためコラムとして小山文大（ふみひろ）さん（海苔のふるさと会事務局長）へのインタビュー記事を後掲する。

## 昭和初期の大森での海苔の養殖風景

## ＝インタビュー＝

## 海藻のふるさと館

## 小山文大　海苔のふるさと会事務局長

（聞き手：鈴木克也）

――まず、この「海苔のふるさと館」設立の歴史からうかがいます。

１９６２年（昭和37年）に東京湾での漁業権放棄によって海苔の生産が終わり、海苔生産者は転廃業を余儀なくされました。当時漁業者は東京都全体で約４千軒、大田区ではその半数の２千軒。江戸時代から品川から大森にかけて海苔の養殖が始まったとされています。大森の生産技術は日本各地に伝えられ、いくつもの海苔生産地を生み出してきています。そして浅草海苔生産の中核的な存在でした。大森周辺はまさに海苔のふるさとといっていいと思います。

海苔の養殖生産は途絶えましたが、「先人から受け継いできた海苔の町大森の地域文化を後世へ伝えたい」という思いから１９６４年（昭和39年）に「大森海苔漁業資材保存会」として発足しました。

その後「会」が海苔資材の収集を続け、資料を展示する「郷土資料室」が区教育センターに開設され、その資料室を発展させ区立郷土博物館が設置されました。１９９３年（平成５年）には「大森および周辺地域の海苔生産用具」として重要有形民俗文化財として国に指定され、「大森海苔のふるさと会」ができました。当初「会」の場所は馬込にあったのですが、ここの大森に「ふるさとの浜辺公園」を建設するという計画が大田区にもちあがり、その際に「会」が地域文化としての担い手として「大森　海苔のふるさと館」を提案し、区に承認されました。以後2008年（平成20年）に「大森　海苔のふるさと館」が開館しました。

運営についてはNPO法人の「海苔のふるさと会」が行なっています。この「ふるさと館」は三階建てで、一階は展示室・体験学習室・収蔵庫、二階は展示室・講座室・収蔵庫・休憩コーナーとなっています。

――参加体験型の催し物を中心に日常的にはどういう活動をされていますか。

海苔をテーマとする施設の役割を①歴史②環境③情報の3つのキーワードを柱に据えました。

①の歴史は、海苔の生産用具の保存と展示を通じて海苔産業発祥の地としての歴史を伝える。

②環境は、ふるさとの浜辺公園をフィールドとしながら館外の学習プ

ログラムと連携し、海苔の生育観察や環境学習のサポートを行なう。
③情報として、海苔や海辺に関するさまざまな情報発信や体験を通じた地域の伝統文化の情報伝達を行なう。
具体的には、参加体験型の催し物を中心に据えています。たとえば、親子で気軽に参加できる催し物として11月から３月までの冬場は海苔つけ体験。指導を地元の元海苔生産者の方々に行なっていただいておりますね。これはやはり説得力がありますね。できあがった海苔は参加者に持ち帰ってもらいます。

ほかには、絵本の読み聞かせと公園散歩、浜辺の生き物探検、貝がら工作、漁網つくりの体験としての網ペットボトルホルダーつくりなどです。展示としては海苔の生産漁具、関連資料としての図書収集と閲覧、また、季節にちなんだ飾りつくりやクラフトワークですね。

――「ふるさと館」の正面には訪問者が「五十万人達成」とされていますが、随分お客さんも多いようですね。ところで、ふるさと館は地元の方々にどう評価されていますか。

お盆の季節には、各地に行かれた海苔生産者のお子さんなどがそのまた家族やお子さんを連れて里帰りをされ、このふるさと館にもまた寄ってきてくれます。おじいさんたちがやっていた海苔つくりを説明するにも役立っているようですね。

さらに大田区の各小学校でも、地域の産業の学習にかつて隆盛だった海苔産業を代表的な例のひとつとして勉強しています。こうした活動を通じて海がきれいになればいいということが、単に「見ため」だけでなく、地域の産業や経済的にも重要な課題だということが理解できるようですね。さらに親から子、孫へと伝承されることで、地域のコミュニティにも役立ってきていると思います。

また、残念ながら海苔生産そのものはすでにありませんが、当時の流通関係の問屋さんはいまだ健在で、この大森地区に20軒ほどあります。海苔のよしあしをお分かりになっている方がやはり経営を維持できるようです。かつてブランドだった「大森の海苔」がいまだに健在ということですね。

――これから海苔の文化をどう継承していけばいいとお考えですか。

海苔つくりの伝統を伝える活動は環境への視点を広げる活動にもつながっています。施設開設の1年前にはこの浜辺公園の海面で「アサクサノリ生育観察事業が始まりました。昭和37年以来40数年ぶりでしたが、埋め立て地に囲まれた海の環境を考えるよい機会となりました。こうした観察事業の様子を紹介し、情報提供していくことがふるさと館の大切な活動となっています。さらに浜辺での生き物観察などは東京海洋大学の協力を得て進めていますが、こうした生活と環境の関わりに考えてもらいたいとも思っていろいろ工夫をしています。

海苔つくりはそもそも海のことをよく知らなければなりませんでした。また海は身近な存在として暮らしのすぐそばにありました。漁業権放棄から海苔つくりは途絶えましたが、海苔つくりの歴史を伝えていくことで、持続可能な社会に向けて、ヒトと海の関わりのあり方を考えるよいきっかけだと言えるのではないでしょうか。

また、現在、海苔生産は韓国や中国などを始めとした世界各地で行なわれてきていますが、こうしたことに関連した海外からのお客さんもふるさと館にいらっしゃいます。国際的な視点もいれて海苔の国際交流の場になっていけばとも思っています。

はじめに申しましたように、このふるさと館の運営には特定非営利活動法人があたっています。さらに協力者会、はまどの会メンバー、近隣の住民の方々、商店街や学校、幼稚園、保育園、図書館などさまざまなかかわりのなかで日々の活動が進められています。「海苔」をきっかけに、多様な世代がさまざまな経験や知恵が伝えられていく。そんな活動の場となっていけばと考えています。

――海苔と海苔を生み出してきた海について理解が深まるといいですね。本日はご多忙のところありがとうございました。

海苔のふるさと館展示

## ５　戦後の科学的養殖方法の導入

明治・大正・昭和にかけて全国各地で養殖をはじめる動きが活発になった。しかし、それはあくまで天然の胞子を付着させる方法であり、経験に頼るものであった。天候などの影響も大きく安定的な事業にはなりにくかった。

それらを克服するにはどうしても科学的養殖法が必要であった。それを実現したのは昭和24年（１９４９年）イギリスの海苔学者ドリュー女史であり、海苔のライフサイクルを明らかにし、胞子からの培養法を明らかにしたことである。片田實氏の『浅草海苔盛衰記』によると、この研究が始まったのはすでに１８８２年頃からで、世界的な研究の蓄積があったためである。

研究面では日本は出遅れたが、それを実践するのは速かった。政府は補助金をつけ、地方自治体は競ってこれを事業化した。

### 生産量の推移

海苔の人工培養の成果は早くも昭和35年～37年（１９６０～１９６２年）頃からあらわれ、60年初頭の20億枚から70年代は40億枚、１９７０年には１００億枚にまでなった。そのほとんどは養殖漁法であった。40億枚時代の土台となった。

なお、この人工養殖の流れに完全にのり遅れたのは浅草海苔であった。その元凶となったのが、戦後の「漁業法改正」（昭和24年）である。これにより東京湾の大量埋め立てがはじまり、工業化による海水汚染が進んだ。今では「浅草海苔」はほとんど衰退してしまった。

片田實氏は著書『浅草海苔盛衰記』の中で「工業優先漁業切り捨てに転換した権力に対して、実に30年余りにわたって海と生活を守って闘い続けた歴史を忘

海苔の生産量推移

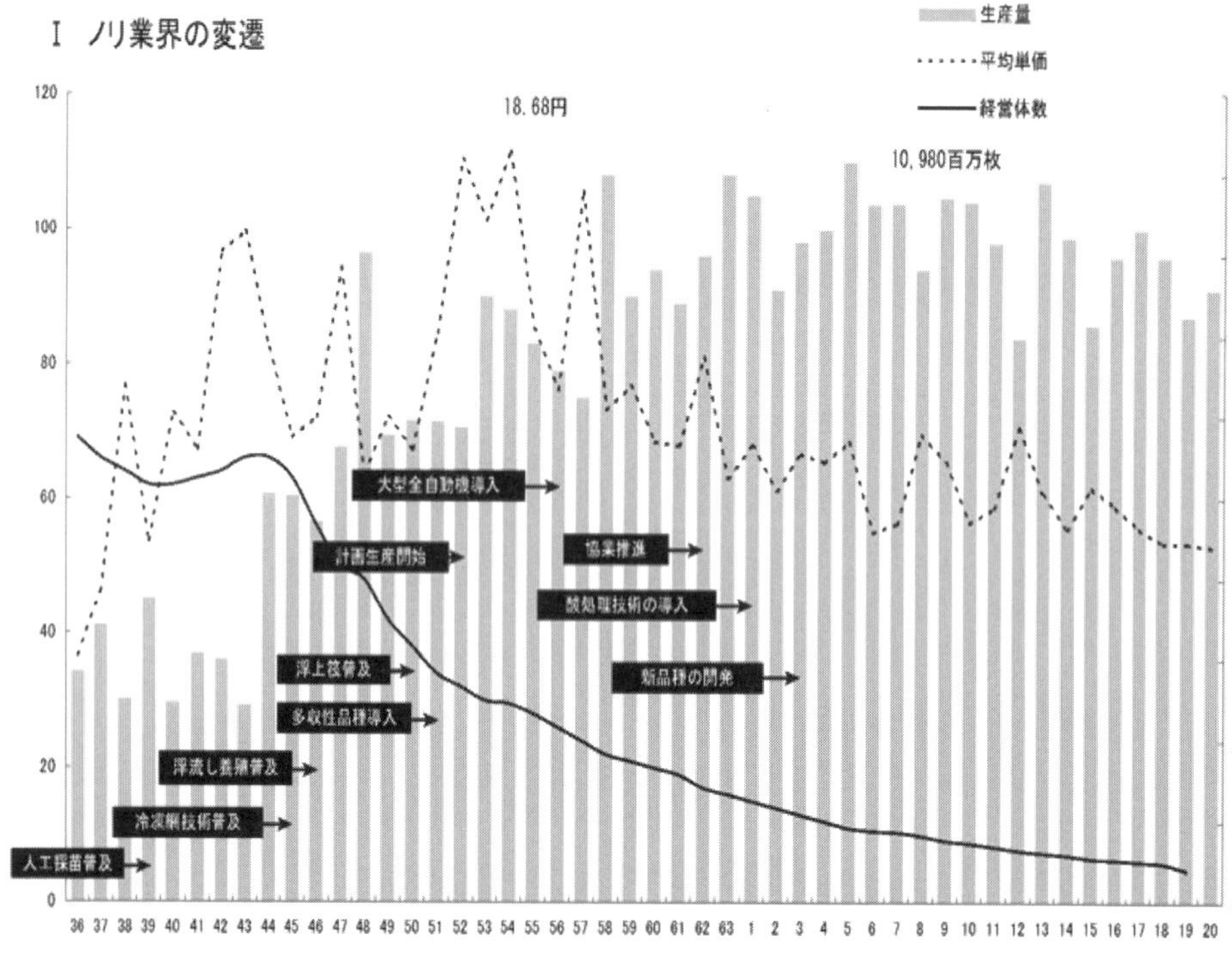


（出所）全国海苔貝類漁業協同組合連合

れてはならない」と記している。

## 海苔の産地

この養殖法は人工的に管理ができるということで、多くの地で定着することになった。その一大拠点として九州有明海は発展することになった。

現在の海苔の地域別生産量をみると下図のようである。

最も多いのが佐賀県で第3位の福岡県、第4位の熊本県を合わせて有明海が国

地域別海苔生産量

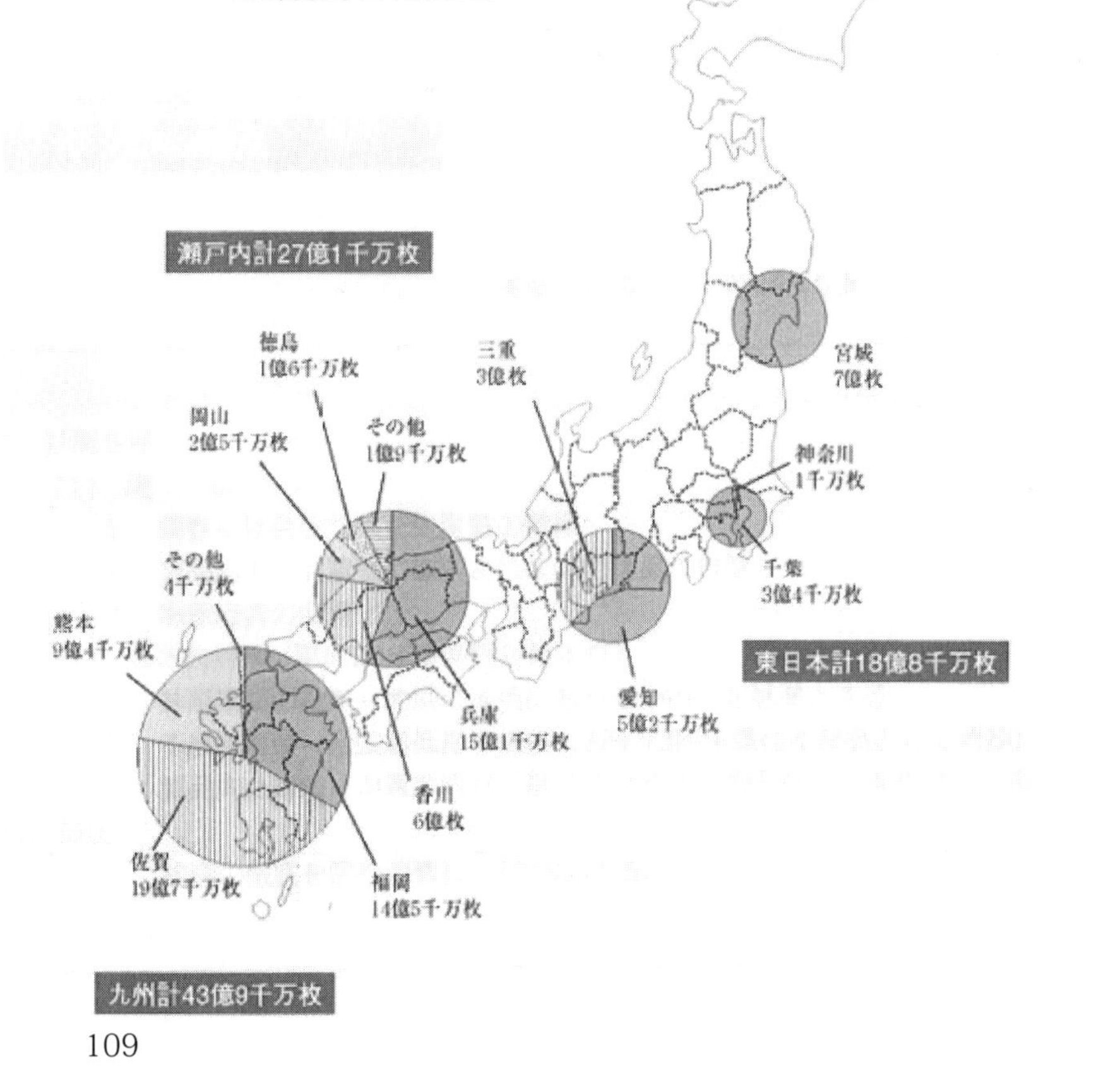

内生産全体の50％以上を生産している。

次いで多いのは、第2位の兵庫県と第10位の岡山県を含む播磨地域。知名度の高い浅草海苔は千葉県に属すがシェアは低い。

# 6　海苔業界の抱えている問題と今後の展開

## 世界でのポジション

海苔の養殖は世界に普及し、とりわけ中国や韓国で生産量が増えている。現在では日本が輸入国となっている。「海苔と海藻」誌の２００９年に紹介されている世界の海苔生産量をみると、生産量の多いのは韓国の70億枚、中国の22億枚（能力は40億枚）とわが国の80億枚である。

わが国の場合はそのほとんどが国内消費に回されているが、韓国は逆にほとんどが輸出されている。中国は国内消費とともに北京、東南アジアなどへの輸出もある。

この点に関して過去の歴史では、明治時代に、政府は外貨稼ぎのためにも昆布、海苔などの海藻の輸出に力を入れた。その結果、中国や朝鮮への輸出は増加したが、欧米への輸出はそれ

世界の海苔消費量と消費される海苔の生産国の割合

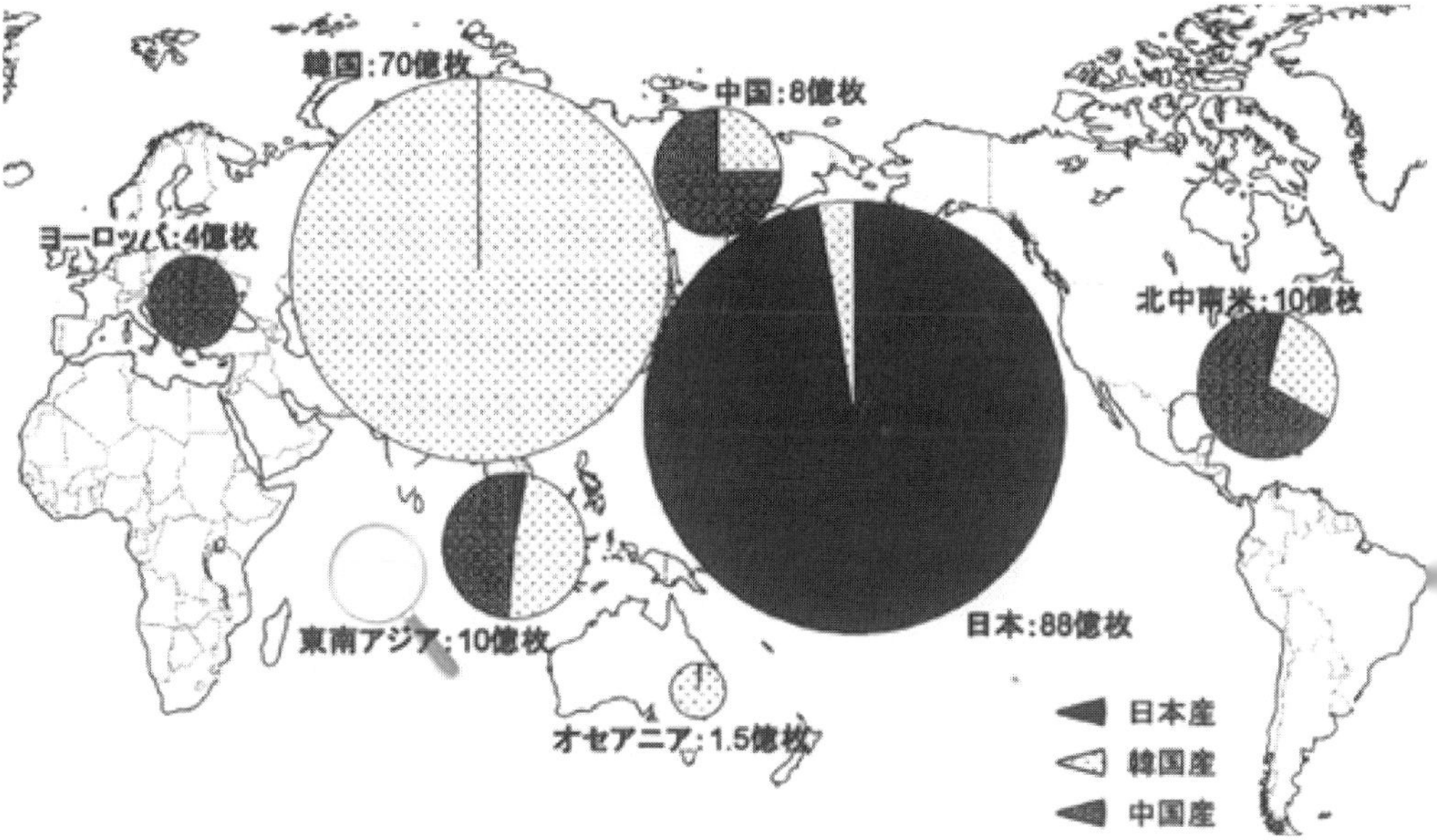


ほど広がらなかった。生糸が欧米に急速に普及したのに対して食文化はそう簡単に変わるものではなかったのであろう。

## 今後の方向性

それでは今後日本の海苔業界の進むべき方向はどうであろうか。全体として日本国内のマーケットが成熟しており、供給体制が需要を上回っている。それが海苔関連商品の価格の低下傾向につながっている。

それを突破するには世界のマーケットに注目すべきだと思われるが、それに対応する姿勢が乏しいという現状がある。

このことについては、海苔産業情報センターの藤井弘治氏や独立法人海洋水産大学鬼頭鈞名誉教授などが以前から指摘してきた点であるが、業界の内部事情からそのような方向にはなかなか進んでいないようである。

しかし、今後世界での日本食ブームの中で、高品質や安全性をもった日本の海苔を国際商品として打ち出していく体制が必要なことは変わっていないと考えられる。

## 〈第3章参考資料〉

・大田区郷土博物館『海藻物語』１９９３年3月
・宮下章『海藻』（財）法政大学出版部　１９７７年2月
・岡村金太郎『浅草海苔』１９０９年
・片田實『浅草海苔盛衰記』成山堂書店　１９８６年
・海苔研究会『海苔と海藻』
・鬼頭鈞『有明海を主とした最近のわが国ノリ養殖の変化』NO.83　２０１５年
・藤井弘治『改革期を迎えた海苔産業界』NO.31　２０１３年
・山本敏治『海苔流通・消費の現状と海外市場の展望』NO.75　２００８年
・『山形屋海苔店２００年史』
・『特定非営利活動法人海苔のふるさと会 平成二十年〜二十四年 五年間の歩み』２０１４年１月

# 第４章

# テングサの用途拡大

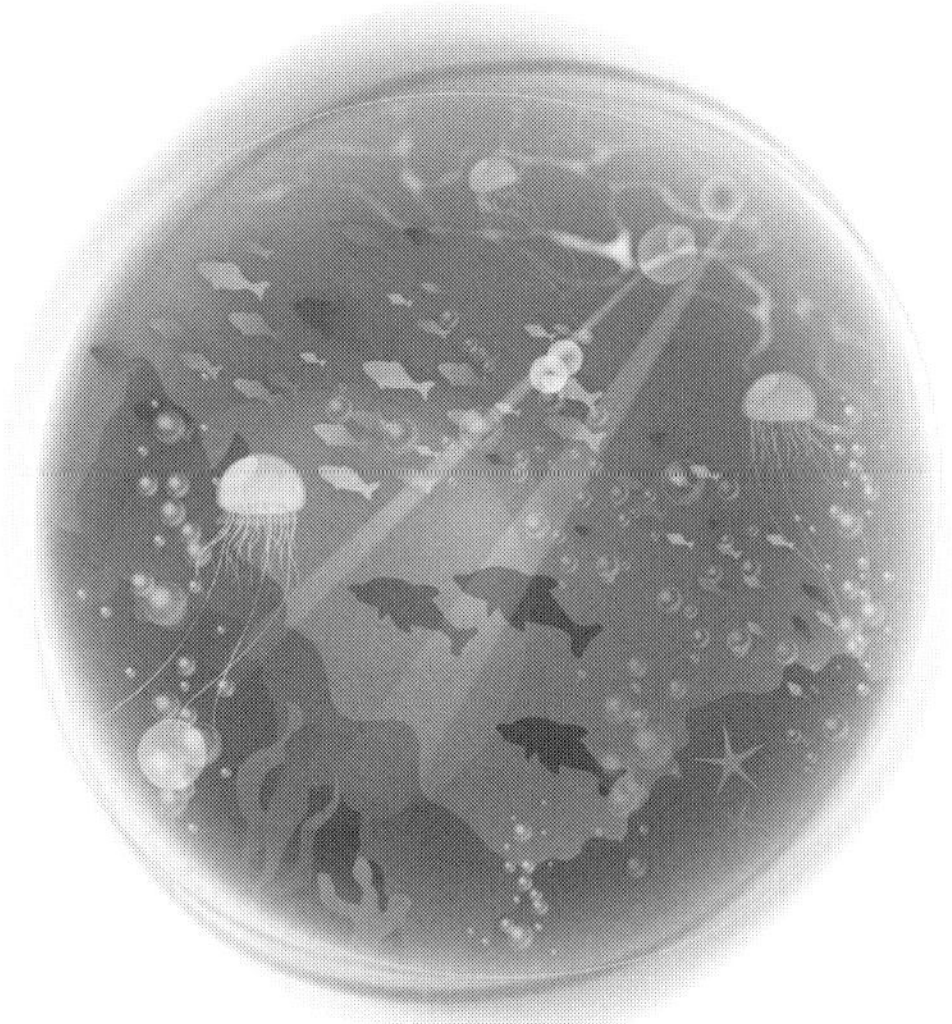

# １　寒天の歴史

## 寒天の効能と発祥

「寒天はテングサ科（Gelidiaceae）やオゴノリ科（Gracilariadeae）などの紅藻類を原料として熱水抽出することにより得られる多糖類である。寒天の原藻は日本はじめ、東南アジア、地中海、南米、アフリカなど世界中の多くの地域で採取される。工業化以前は「ところてん」から水分を取り除いて乾燥させて、農家の副業としてつくられていた。

「ところてん」は遣唐使により中国から日本に伝えられたと一般的にいわれているが、真実は定かではない。寒天の英訳にあたるアーガという単語がインド語系であることからインドが起源であるという説やお茶や麺類などの伝来に関しては文献が存在するのに寒天の伝来に関する古今の文献が見られないことから日本発祥であるという説もある（注１）。

「ところてん」という名前は、海藻（こるもは）を古留毛波（こるもは）といい、俗には心太（こころふと）といっていたことに由来するといわれる。以後、「こころたい」、「こころでい」から「こころてん」、「ところてん」に変じた（注２）。７６１年の『出雲国風土記』の中に「ところてん」がお菓子として珍しがられたことが載っている。また、１６４３年の料理物語に「鮒ノこごり二夏八ところてんノ草ヲ加ヘヨシ」との記載がある。「ところてん」は百年以上前から日本で食されていた伝統食であった（注３）。

「おなかの砂おろし」として便秘の子供に与えられていたように、寒天は食物繊維の生理機能をうまく利用されてきた素材である。大正時代には寒天が緩下作用の効果により日本薬局方に収載された。現在では寒天の食物繊維で便通改善により健康増進に役立つことが科学的に証明され、特定保健用食品として許可されている。また百倍以上の水を抱いてゼリーとして保形し、大腸でもほとんど資化されないノンカロリーのダイエット食品としての一面もある。さらに高齢化社会を迎え、咀嚼・嚥下困難な患者のためのゼリー状食品の基材として、また内視鏡的胃瘻造設（ＰＥＧ）を行なった胃瘻患者が摂取する成分栄養剤を固める基材としても利用されている（注４）。

寒天のいわれについては『寒天ハンドブック』に適切に要約されている（注５）。

「徳川四代家綱公の頃のある冬の日、今の京都府伏見（山城国伏見）の駅御駕籠町にある美濃屋太郎左衛門方で、江戸の参勤交代のため宿泊した薩摩藩主島津候のための饗応に際し、供した心太料理の残りを捨てておいたところ、厳寒の夜間に心太が凍結し、これが日中に融解し、自然に乾燥して干物となった。太郎左衛門が数日後にこれを見つけて水と共に煮て、放置冷却したところ、もとの心太より白く、美しく、海草臭のない、美味の心太になることを知った。これが寒天の製造法発見のきっかけとなり、その後種々苦心研究の結果、寒天の製造法を発見したと伝えられている。」（注６）

その後、藩の大名の庇護を受けた商人が中心となり株仲間が組織され、摂津（大阪）で生産されていた寒天は、信州（長野）、丹波（兵庫）などでも製造されるようになり、それぞれが一大産地を形成していったのである。

信州に寒天の製法が伝わったのは１８４０年のことである。諏訪郡玉川穴山の出身で信州寒天の祖である小林粂左衛門は、１８３７年に行商で丹波を訪れた際に寒天の製法を学んだ。丹波で寒天の製造を見た粂左衛門は、冬が長く、寒気がきつい諏訪地方の農家の副業に相応しいと考えた。そこで二年間、丹波で製法を学び、信州に帰郷後の１８４１年から粂左衛門の家内工業として始められ近隣に広がっていった。原藻は大阪方面から仕入れ、製品は江戸、甲府などへ送り出した。信州諏訪地方の冬の夜は氷点下10℃近くまで冷え込むが、昼間は氷が溶けるまで気温が上り、雪は少なく強い風も吹かない、という寒天製造に向いた気象条件が揃っていた。

寒天をつくるためには凍結、融解、乾燥が自然に行なわれる場所でなければならない。冬は雪深いため、空いている田んぼと農閑期の労働力を利用することもできた。そのため農家の副業として根付いていったのである（注７）。

## 明治期から昭和初期の寒天産業

江戸時代は鎖国政策により長崎から清国（中国）に輸出され、そこから欧米や東南アジアに再輸出されていた。そのため当時の欧米人には、寒天が日本産でなく清国産であるとの誤解が生じていた。

明治時代初期は清国人商人が主に輸出を担っていたが、それは徐々に減っていき直接、日本から欧米各国へ輸出されるようになっていった。明治維新、政府は寒天を含めた海藻を輸出産品の柱と考え、この生産を振興したため１９００年頃には山梨、青森、岩手、宮城、秋田、東京、和歌山、高知、長崎、大分、宮崎でも製造されるようになった。それに伴い全国各地の漁村で原藻が採取されるようになった（注８）。

その後、１９１４年頃から併合後の朝鮮半島における有望な産業のひとつとして考えられるようになり、朝鮮でも原藻の採取と寒天の製造が行なわれるようになった（注９）。昭和時代になると東北、北海道、樺太などの北方でも寒天の製造が行なわれるようになる（注10）。

信州においては維新政府による寒天製造の振興以外に鉄道の敷設が大きな影響を与えている。江戸時代から明治時代にかけて信州への原藻の輸送、信州から製造された寒天の輸送は容易ではなかった。伊豆の海岸や大島神津島などで採集されたテングサは、一度下田港に集められ、それから船で清水港に運ばれた。清水港に陸揚げされてからは、岩淵（静岡県）から鰍沢（かじかさわ、山梨県)までの約72キロは富士川を小舟で遡り、鰍沢からは馬により運ばれた。また、別のルートとして、伊豆から江戸の問屋に売り渡されたものが、甲州街道を通じて諏訪に運ばれることもあった。この状況は１８８５年に東京の上野から横川（群馬県）までの鉄道の開通により大きく変化した。諏訪へ送られる原藻はすべて東京を経由して鉄道で横川へ輸送されるようになった。横川からは馬車で碓井峠を越えて諏訪へ運ばれた。そして、１９０５年の中央線開通により、各地から送られる原藻が直接、茅野駅に到着するようになり、全国各地から原藻を調達できるようになった。輸送費が大幅に節減されたため、諏訪周辺地域、さらに山梨県にも寒天製造は広がり、盛んになっていった（注11）。

寒天は江戸時代以来、12月から翌年2月に製造時期が限定され、天候任せの自然乾燥による手工業で製造されていた。寒天産業を発展させたのは、機械生産ではなく、用途の拡大である。寒天といえば和菓子、特に羊羹の材料の印象が強いが、欧米ではジャム、アイスクリームなどの安定剤、ゼリーやプディングの材料として使われた。また、冷蔵技術が現在ほど発達していなかったため肉や魚の保存にも用いられた。肉や魚を寒天で包み腐敗を遅らせるのである。

医療分野では19世紀にドイツの細菌学者ロバート・コッフォが細菌培地として寒天を用いるようになってから伝染病研究、医薬品製造において寒天は欠かせないものとなり、また下剤、軟膏、粉薬を包むオブラート、歯科医の歯形にも使われた。工業用としては紙、絹織物などの糊料として使われたり、ワイン、ビール製造の際の混濁の除去、ゴム製品や飛行機の翼などの塗料の材料、印刷の活版（寒天版）に用いられた（注12）。

和菓子や日本食などの内需は僅かであり、輸出主導により発展していった。こうした旺盛な用途の拡大のおかげで輸出が拡大し、最盛期の１９３６年にはアメリカ、イギリス、ドイツ、フランス、蘭印「オランダ領東インド」など世界各国に計１７６９トンが輸出され、世界シェアの90％を日本産の寒天が占めるようになった（注ｃ）。

※注の文献詳細はＰ１６１～１６５に掲載。

（注１）松橋（２０１１年）、p.108を参照。
（注２）田形（２０１３年）、p.64を参照。
（注３）林、岡崎（１９７０年）、p.4を参照。
（注４）埋橋、滝（２００５年）、p.292を参照。
（注５）石原、中村、金子、茂木（２０１０年）、p.15を参照。
（注６）林、岡崎（１９７０年）、p.4から引用。
（注７）田形（２０１３年）、p.65を参照。
（注７）田形（２０１３年）、p.65を参照。
（注８）宮下（１９７４年）、p.207-209を参照。
（注９）京城日報（１９１４年1月5日）を参照。

（注10）野村（1951年）、p.285-308を参照。
（注11）田形（2013年）、p.65を参照。
（注12）宍戸（1949年）及び野村（1951年）、p.268-284を参照。
（注13）松橋（2012年）、p.104-105を参照。

## 2　伊那食品工業株式会社

### 会社の概要

戦前の寒天産業は手工業であったが、その工業化に成功し、現在、国内市場シェア80％以上、国際市場シェア15％を占めているのが、1958年に設立された伊那食品工業株式会社である。資本金は9680万円、年商は176億8千万円（2013年12月期）である。

本社は長野県伊那市西春近にあり、代表者は代表取締役会長が1958年の創業期から経営の陣頭指揮を執ってきた塚越寛氏、代表取締役社長が井上修氏である。工場は長野県を中心に5工場あり、販売拠点は支店が東京、名古屋、大阪にある。営業所は札幌、仙台、長野、岡山、福岡にある。社員数は465（男237、女

| | | |
|---|---|---|
| 商号 | ： | 伊那食品工業株式会社 |
| 代表者 | ： | 代表取締役社長　井上 修<br>代表取締役副社長　塚越 英弘 |
| 設立年月日 | ： | 1958年6月18日 |
| 資本金 | ： | 9,680万円 |
| 年商 | ： | 181億7,500万円（2015年12月期） |
| 本社 | ： | 長野県伊那市西春近（広域農道沿い） |
| 工場 | ： | 沢渡工場、北丘工場、藤沢工場、化工機部工場、狐沢工場 |
| 支店 | ： | 東京、名古屋、大阪 |
| 営業所 | ： | 札幌、仙台、長野、岡山、福岡 |
| 社員数 | ： | 465（男237、女228）名（2016年5月現在） |

228）名（2016年5月現在）である（注14）。
伊那食品工業は、さまざまな寒天の用途を開発することにより、市場を開拓してきた研究開発型企業として知られる。また二宮尊徳の「遠くをはかる者は富み 近くをはかる者は貧す」という思想をベースとした「年輪経営」という独特の経営方針によりリストラ（人員整理）を否定し、年功序列を固辞していること、その経営方針により創業以来四十八期連続で売上高を伸ばしてきた優良企業としても注目されている。

寒天がどのように発展してゆくのかを左右しているのが、この企業である。本章ではこの企業の経営方針である「年輪経営」についてまとめ、次章で同社が行なったイノベーションについて述べていきたい。

### 年輪経営

1958年、設立当初の伊那食品工業は業績不振から銀行管理に入ってしまう不採算企業であった。当時21歳の塚越氏が立て直しのために親会社の製材企業から派遣され、それ以来経営を指揮してきた。銀行管理に入るだけあって、当時は「お金がない、技術がない、おまけに信用もない。社員以外何もないという無い無い尽くしの状態であった。そこでまず塚越氏は社員の士気を上げることに取り組み始めた。やる気のある社員とやる気のない社員では生産性がまるで違うと考えたからだった（注15）。そこから、塚越氏は社員のために何ができるのか。どうすることが正しいのか、自問を繰り返した。考え抜いた末、「いい会社をつくりましょうたくましくそしてやさしく」という社是を導き出した（注16）。

「売上至上主義、利益拡大主義、時価総額主義など」は「人件費、福利厚生費、地域貢献、メセナ活動など」を削減し、社員などの幸せを犠牲にしてしまいがちである。これを否定し、「良い会社」には、そうした数字を重視したイメージがあるから「良い」ではなく「いい会社」をつくるとしている。このような経営を塚越氏は「年輪経営」と呼ぶ。

年輪経営とは、木が毎年少しずつ年輪を刻みながら大きくなるように、少しずつでもいいから毎年確実に成長していくことである。そして、この年輪経営にとって最大の敵は、ブームやトレンドに乗った急成長である。ブームが終わった後は過剰設備や過剰人員の問題などを抱え、解雇やリストラをしなければならないというようなことがあれば、同社は「いい会社」ではなくなってしまう。大きな痛手を被るから乗ってはいけないと戒めている。

では、同社にとっての成長とは何か、それは、社員が「あっ、前より快適になったな、前より幸せになったな」と実感することであるとしている。社内的には、目先の利益をあげるために、社員の幸せを犠牲にする人件費、福利厚生、職場環境の整備などの削減はするべきではなく、このようなところに使うからこそ利益に価値があるとしている（注17）。

塚越氏は「いい会社」をつくるための十箇条として次のようなものを掲げている。

一　常にいい製品をつくる。
二　売れるからといってつくりすぎない、売りすぎない。
三　できるだけ定価販売を心がけ、値引きをしない。
四　お客様の立場に立ったものづくりとサービスを心がける。
五　美しい工場・店舗・庭づくりをする。
六　上品なパッケージ、センスのいい広告を行なう。
七　メセナ活動とボランティア等の社会貢献を行なう。
八　仕入先を大切にする。
九　経営理念を全員が理解し、企業イメージを高める。
十　以上のことを確実に実行し、継続する。

この十箇条をカードにして社員に持たせている。つまり、会社というのは利益という数字をあげるのが目的ではなく、会社に関係する人たちが誰一人犠牲になることなく、みんなが幸せになり、いい会社だといってくれるような会社をつくろうというのである。

## 従業員との関係

ブームやトレンドに乗った急成長はしないので、余剰設備や余剰人員が発生することはないから、解雇やリストラをする必要がない。年功序列制度にし、成果主義や能力主義は導入しない。抜擢人事がないわけではないが、能力に大差がない場合は、社内の和を保つために年功序列制にしている。

また、同社では普段のコミュニケーションを重視している。その一例が朝礼で行なわれるスピーチである。朝礼では、当日の担当者一人が前に出て、３分間のスピーチを行なう。担当者は気に入った本の感想や前日にあった面白い出来事など、思い思いのスピーチを披露する（注18）。２つめに伊那食品には「お茶の時間」などと色々な休憩時間がある。「一日のうち一番長く滞在する会社が快適であるように」という塚越氏の考えをもとに、コミュニケーションの時間として、同社ではお茶菓子代の負担などで応援している（注19）。

## 仕入先との関係

仕入において重要なことは商品が良いだけではなく、相互に信頼関係を築き、共に繁栄していくことである。

伊那食品工業は70年代後半から海外から原料の調達を行なっている。海外の信頼できるパートナーとの出会いから、寒天の生産工場を立ち上げ、技術指導を行なうまでになった。同社には現在、韓国、チリ、モロッコ、インドネシアの四カ国に協力工場がある。ここから、粉末寒天の半製品を輸入して、日本で加工して商品にすることにより原材料の8割以上を海外から調達することが可能となった。

協力工場には、資本を出資していない（例外的に、チリの工場には請われて「友情出資」している）。資本を出すことで、現地の会社をコントロールするつもりなど、当初からない。だから、役員も駐在員もいない。たまに技術指導のために社員を派遣するが、これも2週間程度の出張である。駐在員を置かないのは、社員に嫌な業務を押し付けたくないからである。出資をせず駐在員がなくても、海外の協力工場との関係は良好に築けている（注20）。

## 地域社会や自然環境との関係

伊那食品工業本社の敷地は、「かんてんぱぱガーデン」と呼ばれ、地域の憩いの場として公園になっている。この「かんてんぱぱガーデン」は、赤松林であった敷地の自然を生かし、本社建物、研究棟、常設ギャラリー、レストランが2棟、輸入インテリアショップが建っている。つまり公園の中に会社があるということである。ここには、地域住民や観光客などが訪問するが、ガードマンもいない。誰でも出入り自由になっている。常設ギャラリーでの写真展や美術展などを通して文化的な貢献活動を行なっている（注21）。

そのほかにも、スポーツや音楽への協賛や従来、捨てられていた寒天の絞りかすを専用工場で有機肥料にするリサイクル活動など、環境問題にも取り組んでいる。

**顧客との関係**

身の丈に合わない商売はしないことを信条にしている。コストを割るような過当競争でたくさん売るのではなく、適正利潤を確保して売ることが大切である。つまり、研究開発を通した製品開発により競争ではなく、オンリーワン企業になってシェアを高くすることをめざしている。なお、伊那食品工業の製品は、食品業界、外食業界、化粧品業界、医薬品業界向け商品、直営店や通信販売を通した個人顧客向けの商品など千種類以上に及んでいる（注22）。

かんてんぱぱガーデン

※注の文献詳細はP１６１~１６４に掲載。

（注14）伊那食品工業株式会社公式HPを参照。

（注15）篠原（２００１年）を参照。

（注16）宮本（２００５年）を参照。

（注17）藤森（２０１０年）、p.83-84 を参照。

（注18）林（２００８年）を参照。

（注19）ＰＨｐ研究所（２００５年）を参照。

（注20）塚越（２００９年）、p.110-113 を参照。

（注21）藤森（２０１２年）を参照。

（注22）藤森（２０１２年）を参照。

# 3　寒天製造の工業化

## 工業生産の取り組み

戦前、日本産寒天は世界のシェアの九割を占めていたが、大戦により輸入が途絶した欧米で寒天製造の取り組みが行なわれ、その優位は揺らいできた。

アメリカでは１９２０年にカリフォルニアに日本からの技術を導入して工場が建設された。その後、１９４１年には9工場まで拡大した。太平洋戦争開戦後はカナダ国境を含む太平洋岸、メキシコからの輸入により原藻を確保した。そして、寒天製造の機械化を推進し、日本からの輸入に頼らなくても需要を満たせる生産体制を戦時下において構築していった。ニュージーランド、オーストラリアもアメリカ同様に１９４３年から工場が建設され寒天の製造が行なわれた。スペインでも日本寒天の文献・資料を参考に１９４２年から原藻の養殖が始められ、１９４４年から寒天製造が開始されている（注23）。

かつては内地であった朝鮮においては、１９２０年頃に寒天製造が主要産業の一つとして確立され、直接欧米へ輸出されていた。終戦後は朝鮮半島が独立したため、輸出において日本産寒天との競合先となった（注24）。

寒天は細寒天（糸寒天）と角寒天に大別されるが、当時、輸出されるのは主に細寒天であった。

細寒天は輸出先、もしくは国内で裁断、粉砕され角寒天、粉寒天に加工され、さまざまな用途で使われた。しかし、戦時中にアメリカなどでは粉寒天、角寒天製造を機械化してしまった。また、輸入が途絶している間にアメリカなどを中心にカラギーナンというアイルランド産海藻を原材料し、乳化剤、ゲル化剤などに利用できる寒天の代替品も登場した。日本産寒天の輸入が途絶して以降、アイスクリームなど乳製品やゼリーなどに寒天の代替品としてカラギーナンが使われるようになった。

これまで手工業によって寒天は製造されてきたが、これらの国際市場の変化に対応するために、気候に左右されず大量かつ安価に工業的に品質の高い粉寒天の工業生産が模索されるようになった。

伝統的製法は原藻を煮溶かす、凝固した生天を運搬するなど危険なうえに重労働が伴った。しかし、工業的な製法は、機器による製造工程が多く、危険を回避することができる。そのような背景から、伊那食品工業株式会社は工業寒天の生産を目的に設立された。1958年に同社では脱水機を設置した。1962年には生天を固めるコンクリート製プールを設置、1973年には社員総出で8基の抽出釜を設置している。同年、排水処理施設を備え、沢渡工場の整備が進められた。同じく1973年には、工場建設の一部を社員全員でつくり上げている。1983年には沢渡工場第2工場（特殊用途寒天製造工場を建設）、1986年には沢渡第3工場（冷凍フレーク寒天及びハイテク製品製造工場）が建設された。1988年には沢渡第4

工場（アガロース専用工場）が建設され、日本唯一の製造となる「局方寒天」の製造が開始された。続いて１９８９年には、沢渡第５工場が建設され、即溶性寒天を製造している（注25）。

伊那食品工業株式会社は寒天メーカーでありながら、生産技術部という寒天をつくる機械および寒天製品を製造する機械の両方を製造する機器生産部門を持つに至る。すなわち、寒天生産に係る機器を自社で開発・生産しているのである。このように、機械並びに関連機器を自社で開発する道筋をつくることで、製造方法の開発を具体化するための技術力と開発力が揃った。

例えば、伊那食品工業独自の方法で寒天を製造すると、寒天を溶解するには原料寒天の百倍以上の水が必要になる。大量に生産するには通常の製法では大型のタンクが大量に必要となる。そこで伊那食品工業は、工場の床を水浸しにせず大量の水を扱える製造機器を開発した。それが特許を取得している連続溶解機であり、これにより連続ラインの開発を具体化することができた。これでコストを下げ、新しいタイプの寒天を本格的に製造できるようになった。現在、自社で生産されている寒天のすべてが工業寒天である。さらに開発した寒天製品製造機械の製造販売も行なっている。販売先には寒天との抱き合わせで販売でき、一石二鳥である(注26)。

同社がこのように機械化を推進したのは、今から数十年ほど前に起こったある社員の事故がきっかけでもある。塚越氏は、このことについて以下のように述べている。

「かつて当社の工場では、プレス脱水といって、心太（寒天の前段階）の脱水に重石を使っていました。その重石が滑って社員が足を複雑骨折し、長期間療養しなければならなくなりました。社員を不幸せにする危険がある設備を改善するためには、多大な費用が必要でした。借金して設備を簡易交換するか、それとも寒天の製造を止めるか。私は悩みました。しかし、寒天の製造中止はできません。一か八か、新しい機械を導入しようと決心したのです。その決断が結果的によくて、衛生環境の向上やランニングコストの低減になり、借金を順調に返済できました。この事故をきっかけに私は学びました。より儲けたいという目的ではなく、より安全にしたいという動機が正しければやってもいいのだと。その後、決断を迫られた時、『動機が正しいかどうか』を自分に問うようになりました。」（注27）

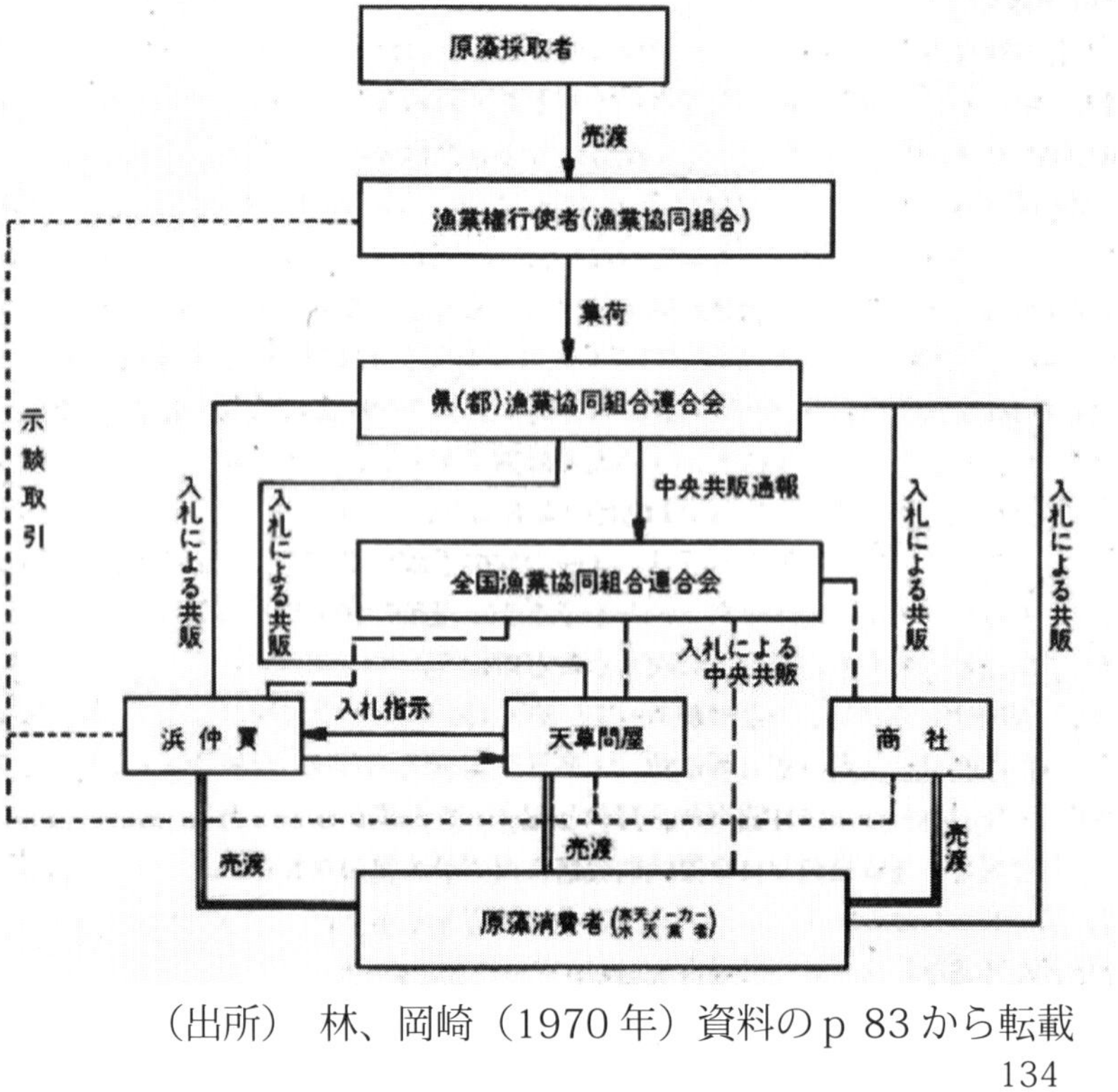


（出所）林、岡崎（1970年）資料のｐ83から転載

## 原料調達体制の確立

工業生産の基盤を固めた伊那食品工業は１９７３年のオイルショックを契機に原料調達の平準化に着手する。寒天の原材料となる原藻は相場商品であった。通常寒天製造業者は天草問屋（てんぐさどんや）や仲買人から原藻を購入する。明治時代以来漁業法等の施行により漁師の組織化が進み、戦後は各漁業協同組合での入札により天草問屋、仲買人が買い付け、それを寒天製造業者に転売するのが一般的ではあったが、江戸時代から続く慣習により天草問屋は

①生産業者からの寒天の購入もしくは委託、または仲立行為
②寒天輸出業者および大都市卸売業者への販売、販売の委託および仲立行為
③自己の危険と計算による寒天の予約売買
④寒天の賃だき
⑤寒天の直輸出寒天の加工・包装
⑥寒天の内地小売

といった多岐にわたる役目を果たしているために、原藻を販売して寒天を買うという商習慣が確立しており、原藻の売買にあってその代金の一部を授受することもあった。また、天草問

屋、仲買人が漁師から直接買い付け（浜買い）を行ない、相場高騰の際に転売を行なうといった投機行為も一般化していた。

寒天の工業生産により戦後、国内産の原藻だけでは需要を満たすのが困難になり、海外から輸入されるようになった。原藻の輸入は１９５２年韓国と台湾から買付けし、日本の寒天業界に供給したのを始めとするが、本格的な輸入は１９５７年からである。韓国他11カ国らの原藻の輸入は増加したが、そのうちの50～70％は韓国から入ったものであった。

１９６１年、韓国は国内寒天工業の振興のため原藻の輸出を禁止したので、貿易商社は市場を広く欧米諸国に求め、同年ポルトガル、アルゼンチン、チリの３カ国から、そのほか15カ国からも輸入を始めた。その後、１９６６年に一部商社の思惑から過大に輸入され、原藻価格の暴落が引き起こされた。それに伴い国内の原藻生産者の意欲は失われていった。１９６８年になり、当時は貴重であった外貨割り当ての節約の観点から輸入自粛が行なわれ、やや落ち着きをみせた（注28）。70年代には公害による海洋汚染や漁師の後継者不足などから原藻の40％以上が海外依存となった。しかしその後、１９７３年のオイルショックでは原藻の価格が３倍にも跳ね上がる異常事態が発生する。

戦後、多くの工業寒天の製造企業が設立されたが、そのほとんどが現在では姿を消している。それら企業が倒産した理由としては、次のようなことが指摘できる（注29）。

①製造技術の基礎的研究不足のため目的とする歩留りおよび品質の寒天を生産しえなかったため。
②生産規模が小で単位労働力に対する生産性が極めて小であったため。
③採算が確保できず、多量生産に対する設備投資ができなかったため。
④設立時の設備が過大に過ぎ、工場完成から着業にいたる間、極端な先物売りを行なったため。
⑤天然水の埋蔵量の不備から常時必要とする水の供給が不可能となったため。
⑥原藻の取引上の慣行に対応できずに、その確保に支障をきたしたため。
⑦良品の寒天は生産したが、価格の競争での敗退、販売ルートの不確立。
⑧運転資金の枯渇、在庫管理の不備、それによる在庫の投売。

この中でとくに工業寒天の場合は、原藻を安定的に確保し、操業度を高める必要があり、原藻価格の乱高下は企業の存続にとって致命的であった。また、１９７０年代から農家の副業としての寒天製造者（個人）も激減してきた（注30）。

そこでこのオイルショックを契機に伊那食品工業は原料の海外直接調達体制の整備に乗り出す。海外からの海藻の調達は、原料の備蓄とコストダウンを可能とし、より良い品質を実現するためにもなったのである。現在ではチリ、モロッコ、インドネシア、韓国など約30カ国から原料を調達し、国内使用量の約1年分にもなる原料および半完成品をストックし、一定の品質を保っている。

1977年8月、同社は寒天のユーザーを安心させるとともに、幅広い用途開発を期待し、専門紙「日本食糧新聞」に業界の安定化をうたう広告を出した。

海外からの原藻安定供給により大規模で安定した寒天製造が可能になったが、それにより日本国内の原藻の流通は変化しなかった。国内産の原藻は現在も主要産地である東京、静岡、三重、和歌山、徳島、愛媛、高知、長崎などの漁業協同組合において入札により販売されている。入札であるため一番高い金額を提示した業者が落札することになり、製造業者にとって安定的に国内産原藻を確保することが難しい状況が今も続いている。次のページの図は2004年の落札価格を基準として各産地の価格帯を示している。各産地において価格差が大きいことを示している。とくに伊豆、房総の地域はバラツキが大きいが、これはテングサの産地差のみならず品種差も影響している。

2005年にNHKの「ためしてガッテン」、フジテレビ系列の「あるある大事典」などの健康問題を取り扱っ

「寒天はもう相場商品ではありません…」

寒天は海藻から抽出された天然ゲル化剤として古い歴史をもっていますが、農家の副業として冬季のごく短い期間だけ製造されて来たため、通年製造される粉末寒天の製造が盛んになった現在でも、この業界は非常に古い体質を持っています。

供給と価格を安定させることが、食品原料メーカーの最も基本的な姿勢であらねばなりませんが、この努力が従来は欠除していたと言えましょう。

伊那食品工業は、業界のトップメーカーとしての自負と責任を果すべく、原料海藻の備蓄と海外での原料産地の開発、コストダウンの努力、また、品質向上と応用研究等に積極的な努力をしております。

数々のすぐれた特長を持つ寒天を、新しい食品等の開発に安心して御使用下さい。

伊那食品の粉末寒天

伊那食品工業株式会社

（出所）日本食糧新聞　伊那食品提供

たテレビ番組で、ところてんの健康効果が取り上げられたことをきっかけに寒天ブームが起こった。その結果、例年１５００トン程度であったてんぐさの需要が２倍の３０００トンにまで急増した。その過熱ぶりは各地の入札における寒天相場に影響を及ぼし、例年の１・５倍から２倍以上にまで価格が高騰し、価格の高騰が漁民の意欲を喚起し、２００４年の国内産天草が６０５トンから２００５年は８４３トンにまで生産量が拡大した。その後２００７年までは生産量の拡大は続いたが、ブームが去った以降は縮小傾向が続いている。このブームは、その後国内産地の生産量縮小に留まらず、伊那食品工業株式会社にとっても48期続いた増益記録が途絶え、一時的に減益になってしまうなど大きな痛手を残し

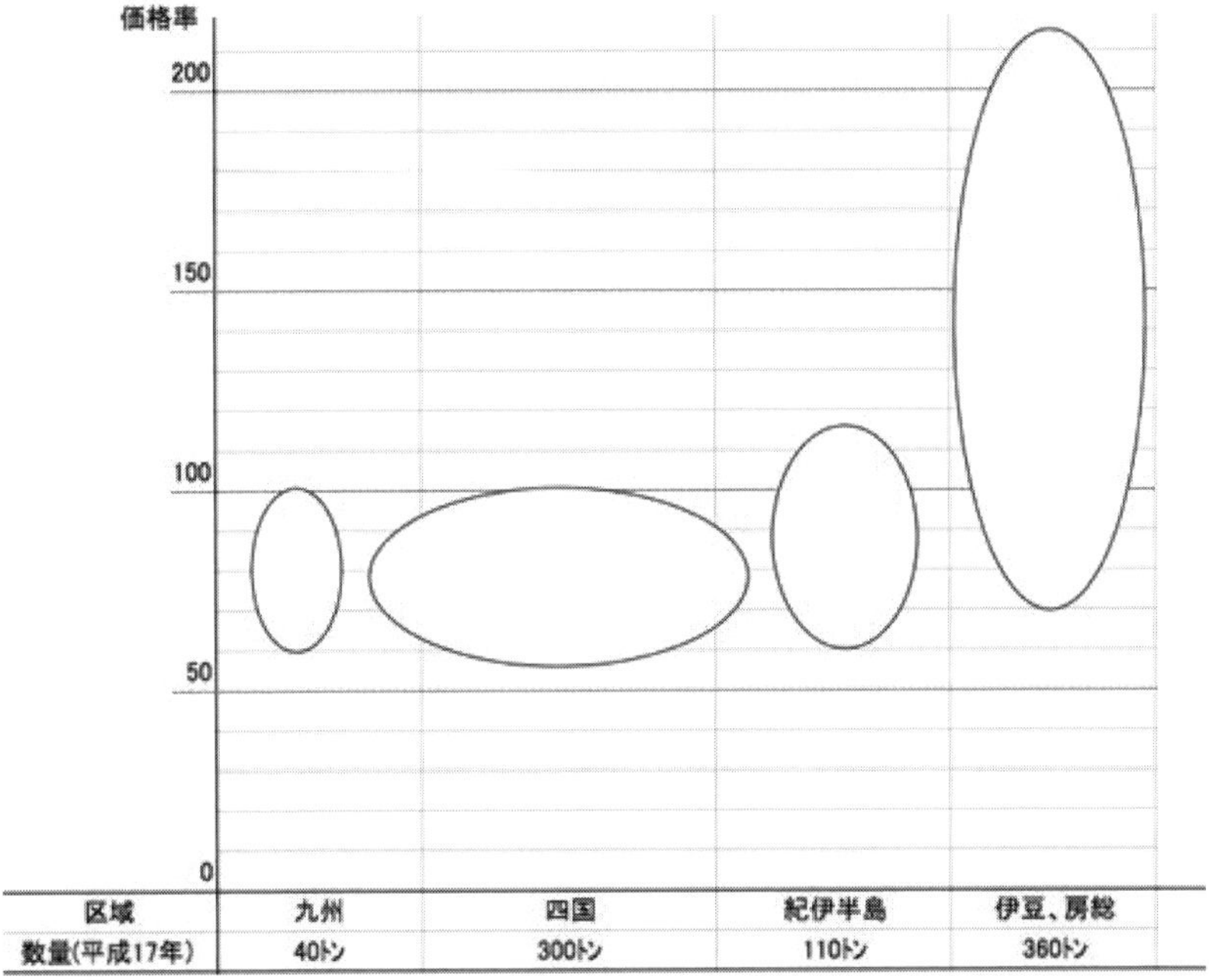


（出所）株式会社森田商店ＨＰから転載

た。

　従来の入札とは別に各漁業協同組合と製造業者による契約取引などによりブームに左右されない原藻の供給体制構築が必要と思われるが、それは容易ではない。海藻サラダの原材料としてワカメ、コンブなど一般に知られている海藻からオコゴリなど寒天の原材料になるものを含めて多くの海藻の産地開発を行なってきた鈴木実氏は国内産の海藻の流通に関して以下のように述べている（注31）。

「サラダ系海藻が生産者から消費者に渡るまでには、行政上の規制や構造上の問題が山積する。例えば、十数年以上もの間、漁協の単協系列がキロ２百円台で買い付けしていた海藻を、15年前に著者が

## 全国のてんぐさ入札量

以下の表は、2011年までの年別てんぐさ生産数量（入札数量＋入札外数量）です。

| 産地＼年 | 2011年 | 2010年 | 2009年 | 2008年 | 2007年 | 2006年 | 2005年 |
|---|---|---|---|---|---|---|---|
| 東京都 | 53 | 57 | 59 | 73 | 105 | 127 | 115 |
| 静岡県 | 101 | 155 | 219 | 238 | 286 | 222 | 180 |
| 三重県 | 11 | 18 | 11 | 26 | 111 | 100 | 66 |
| 和歌山県 | 21 | 13 | 15 | 25 | 58 | 47 | 42 |
| 徳島県 | 37 | 34 | 21 | 41 | 55 | 93 | 97 |
| 愛媛県 | 80 | 69 | 70 | 88 | 122 | 237 | 189 |
| 高知県 | 36 | 20 | 39 | 25 | 18 | 16 | 8 |
| 長崎県 | 26 | 15 | 16 | 13 | 9 | 24 | 24 |
| 上記産地計 | 365 | 381 | 450 | 529 | 764 | 866 | 721 |
| 全国生産量 | 489 | 442 | 558 | 673 | 924 | 1002 | 843 |

（単位:トン）株式会社　森田商店　調べ　2012（H24）/4/2

キロ８百円で買い付けを始め、その後浜値はさらに高値になる時期を数年経て今現在も生産者からの買い付けを継続しているが、消費者価格は大きな変動をせずに採算可能な単価であった。この例を逆に解釈すると、各都道府県の単協系列は低価格単価を放置してきたとの見方も可能となり、生産者の立場に立ってはいなかったという見方ができるのではないだろうか。規制や構造的問題のみが負として残存し、現実にはすでに適正に働くような機能ではなくなっている単協系列や上部団体が少なくなく、旧態依然とした規制が、今では逆に生産者に負担を強いている結果となっていると感じる。」

## 家庭用への進出と研究開発

１９６４年２月から家庭用寒天「かんてんクック」を販売し、家庭用市場に参入しているが、伊那食品工業は業務向けと家庭用の売上比率を六対四とすることをモットーにし、従業員の一割を研究員とする研究開発型企業として成長してきた。家庭用はあくまでも寒天の消費喚起が目的であり、本業は業務向けであるという認識からである。「健康な会社」とは「バランスのいい会社」と考え、例えば、商品の業務用と家庭用の比率は六対四が最適なバランスと決めたら、家庭用でヒット商品が出ても「バランスが崩れる」と販売を抑える。実際、１９８１年に販売を始めた「かんてんぱぱ　カップゼリー80℃」は大ヒットして、大手スーパーマーケットからも取り扱い要請を受けた。しかし当時社長であった塚越氏は、身の丈に合わないからと断わった。販売や生産の態勢が十分には整っていなかったからである。地元と全国7カ所の直売所、通信販売に絞ったままにした。それでも「カップゼリー80℃」は口コミで評判となり、全国に広がり、自然発生的にかんてんぱぱブランド商品を通信販売する会員システムができていった(注32)。

同社の営業研究体制については後ほど述べるが、伊那食品工業取締役秘書広報室長の丸山勝治氏は、それに関して次のように述べている。

「私どもは50年間なんとか生き延びてきたのは、元々寒天から出発しているが、やはり寒天の物性だけでは満足頂けないお得意様もいるので、満足頂ける食感を生み出すには他の物を仕入れたり加工することが必要だった。ですから今私どもは他のゲル化剤、あるいは増減剤、例えばゼラチンとかペプチンとかいろんな天然物を扱っている。寒天屋から出発しているが今では総合ゲル化剤メーカーになっている。」

そして、「時代と共に生活環境も変化してくるので、変化に堪えうる商品なら良いが、そうでないなら駄目。例えば漁師の定置網のガラス玉を造っていた企業があった。毎年確実に売れていく。それがある時からパタッと売れなくなった。調べるとガラス玉がプラスチックに変わっていた。会長がよく言っているが、生き延びていくには時代と共に変化していかなければいけない。私どもは変化してこれたからこそ今日がある。例えば自動車産業ですが、この間、

ＮＨＫの「プロフェッショナル」を見ていたらホンダの燃料電池の車をやっていた。あるいは三菱自動車が電気自動車をやった。そうするとマフラーを造っている企業はこれからどうなるのか？　共にマフラーがいらない。そうなるとマフラーメーカーも変化していかないと難しい」と研究開発の重要性を述べている（注33）。

※注の文献詳細はＰ１６１～１６４に掲載。

（注23）林、岡崎（１９７０年）、p.426-443を参照。
（注24）野村（１９５１年）p.299-302を参照。
（注25）石原、中村、金子、茂木（２０１０年）、p.20を参照。
（注26）石原、中村、金子、茂木（２０１０年）、p.20を参照。
（注27）塚越（２００１年）を参照。
（注28）林、岡崎（１９７０年）、p.413-415を参照。
（注29）林、岡崎（１９７０年）、p.422-424を参照。
（注30）林、岡崎（１９７０年）、p.410を参照。
（注31）淡野（２００５年）、p.100-101を参照。
（注32）鈴木（２００２年）を参照。
（注33）千葉（２００３年）を参照。（注34）丸山（２０１０年）を参照。

## 4　研究重視による用途拡大

### 伊那食品工業の研究部門

現在の伊那食品工業は次の6つの部門から成り立っている。

①化工機部門

寒天製造機械の製造販売をする部門で、先に述べたように販売先には寒天との抱き合わせで販売できるため伊那食品工業の競争力を支える重要な柱のひとつである。同社はユーザーのために寒天の新しい用途開発を盛んに行なっているが、その用途開発においては既存の機械では充分でなく、必要となるさまざまなユニークな食品加工機械を設計・製作している（注35）。

②業務用寒天部門

主力製品の業務用寒天を取り扱う部門である。寒天は、和菓子の材料として昔から乾物として位置付けられた。この部門では乾物にすぎなかった寒天を使いやすい粉末にし、量産化することにより、食品原料に加え、他の分野の原材料として供給している（注36）。

③業務用ゲル化剤部門

寒天と他の天然のガム類とのブレンドによる寒天製剤を取り扱う部門である。寒天単品では出せないような特徴を持つ新しいタイプの寒天製剤を色々と開発し販売している（注37）。

④アガロファイン部門

寒天の成分はガラクトースを基本骨格とする多糖類からなり、中性のゲル化能に富むアガロースとイオン性のゲル化能を持たないアグロペクチンに分類される。この部門では細菌培地、ファインケミカル、バイオなどに使われるアガロースの研究開発を行ない、わが国で初めて量産工場を建設し、数種のアガロースの生産を行なっている（注38）。

⑤業務用食材部

杏仁豆腐やゼリーの素材など外食産業向けに開発している。和食（和菓子）に限らず、洋食から中華に至るまで一般消費者が想像もつかない形で使われている。開発した製品の用途を広げるためにプロの料理人向けにレシピ集を制作するなど実需者を見据えた開発を行なっている（注39）。

⑥家庭用製品部門

家庭用商品の研究開発チームは女性ばかりで構成されている。営業方針と同様に家庭用製品の開発にもノルマや期限はないため、女性や主婦の感覚で自分たちが欲しいと思うものをじっくりと時間をかけて開発できるのである。「かんてんぱぱ」というブランドはそうした中から生まれた代表的なものである。健康に良く、料理も楽しむことができ、食経験の長い安全な寒天をもっと手軽に、もっと日常的に使えるという「ちょっと手づくり」をコンセプトにしている。「かんてんぱぱ」ブランドは「カップリングゼリー80℃」「ババロア」「パオパオ杏仁」など家庭用デザートシリーズとして定着している。

一般消費者用商品には、かんてんぱぱシリーズを代表とするデザート類の他、家庭用寒天、寒天入りのドレッシングや「飲む寒天」という飲料も品揃えされている。これらの商品は、大手のスーパーマーケットや食品卸を通した小売から一般消費者の手元に届けられるわけではなく、基本的に同社のオンラインショップや通販、かんてんぱぱガーデンや全国のかんてんぱぱショップなどの直営店で販売されており、同社の製品が大手のスーパーマーケットなどに並ぶことはほとんどない（注40）。

## 伊那食品の営業開発体制

伊那食品工業の営業所は東京支店（渋谷区初台）、名古屋支店（小牧市小木東）、大阪支店（吹田市子里山）、札幌営業所（札幌市中央区）、仙台営業所（仙台市泉区）、岡山営業所（岡山市平田）、福岡営業所（福岡市中央区）の7カ所であり、各営業所を中心に直接セールスを基本としている。これら営業所には、直営店が併設されている。家庭用主力商品名を取った「かんてんぱぱショップ」である。直営店の役割は3つある。1つは販売品のサンプル展示機能、2つには一般消費者向けの小売り拠点としての機能、3つめは直営店を営業することでブランドイメージを上げることである。そのために「かんてんぱぱカフェ」が併設されている（注41）。

同社の製品開発はまず営業担当のプレゼンテーションから始まる。営業は製品のプレゼンテーションに重点を置いており、これが製品開発のプロセスに直接繋がっている。同社では既存の顧客を訪問する他に、寒天とは全く関係のなさそうな会社に積極的に訪問したり，異業種の原料メーカー展示会にも出展したりする。新規市場の開拓が営業担当者の重要な役割となっているのである。営業担当のプレゼンテーションは売り込むのではなく、「こういう物性を持った新素材をつくれます」と説明・提案を行なう。

そして、その場ですぐに興味をもってもらえなくても何度も訪問することにより、相手の研究開発者や製品開発者に興味を持ってもらえばまずは成功と考える。記憶に残った興味で先方からなにかの機会に「もっとこうできないか」といわれれば次の成功と考える。その後顧客の求めることに対し、蓄積した技術や製品に新たに検討を加えることにより新しく試作品が提供される。この顧客の要求と試作提供が時間をかけて何度も繰り返され、顧客の要求を満たしたときに、顧客の商品に使用され、同社は原材料メーカーとして取引してもらえることになるのである。顧客の立場を想像し、推測するのではなく、要求されることに対して提案を行ない、その提案を顧客に試してもらい、不十分な点を繰返し修正している。言わば個々の要求それぞれに応じ、個別のニーズのために製品を開発するオーダーメードのR＆Dなのである。このように、営業担当者は開発したさまざまな寒天を顧客に持ち込んでは顧客とのやり取りの中で、新しい商品と新たな市場のヒントを得、同社の研究開発者はそのヒントをもとにまた新たに製品を開発し、顧客を創造することにつなげるのである（注42）。

その情報共有は取締役研究開発部長の埋橋祐二氏によると、次のように行なわれる。

「わが社は会議というか、ミーティングの多い会社だと思います。私が担当する研究開発部門には5グループありますが、夕方はいつもどこかのグループが会議をしています。会議といっても堅苦しい会議じゃなくて『お茶の時間』と同じように、市場の商品の試食会だったり、時には雑談だったりです。そういう時にこそ、ふと『あー、それだ』というアイデアが浮かぶことがあります。実際に実験で考えつくことよりも、ワイワイガヤガヤの中からふと違った発想が出てきたりします。研究における偶然の発見と同様、それを『セレンディピティ』と言うことができるかと思います。目的以外のことを発見する能力ですね。偶然性とか観察力とかが一緒になって発見できる能力のことなんです。わが社の根底には二十年前からそういう意識がありました。研究室の壁にはserendipityと書かれた額が掲げられています。」

伊那食品工業では、セレンディピティは学校では学ぶことのできない能力であり、日常の業務を離れた体験によって自らの五感をフルに働かせる新鮮な感覚や発想を養う者にのみ与えられる力だとして、社員にあらゆることに好奇心と広い視野を持つように勧めている。そうした柔軟な発想によって生まれた商品は、新たな可能性を食品、化粧品、医薬品などに見出している。「うちはルート営業ではなく開発営業なんです。技術的な話になると私たち研究の者がいろんな業界に顔を出させていただきます。『貴社で何かお困りのことはありませんか、寒天にはいろんな特色がありますが、何かお宅で役に立つことはありませんか？』と言ってアピールするわけです。そうしたご縁で、研究者同士がお互い未知の分野を説明するうちに、これまで予想もつかなかった、化学などの業種にも可能性が出てきます」と埋橋部長は述べている。食品業界などにとどまらず、自動車・電気業界の会社にも出向いて、寒天の活用用途を拡げている（注43）。

## 新たに開発された用途とその効能

多様化している寒天の用途の中でも伊那食品工業株式会社がとくに力を入れて、開発しているものを紹介する。

◆洋菓子用寒天「ル・カンテンウルトラ」(低ゼリー強度寒天)

戦前から寒天は欧米においてジャム、アイスクリームなどの安定剤、ゼリーやプディングなどの材料として使われてきたが、それらは特に洋菓子向けに設計されていたのではない。「ル・カンテンウルトラ」は、通常の寒天より口溶けの良い低強度・低粘度の寒天をつくるために分子量を調整されていて、乳製品との相性に優れている。生地重量に1%を目安に通常の寒天と同様に冷たい牛乳や水に撹拌しながら入れ、80℃まで加熱してよく煮溶かしてから、他の材料と合わせて使用することにより「とろーり」とした食感の洋菓子をつくることができる。生クリーム・牛乳などに直接溶解でき、口の中でとろける食感のプリンやムースの材料となる。また、パイナップルなどのタンパク質酵素を含んだ食品も固めることができる。

同社では「ル・カンテンウルトラ」を用いたチョコレートデザート、プリン、クリームビュレル、モンブランクリーム、サバラン、クレームショコラなどのレシピをパンフレットなどで公開しつつ、洋菓子市場における寒天の普及に努めている。また料理レシピの投稿サイト「クックパット」には「ウルトラカンテン」を用いた洋菓子のレシピが複数紹介されており、一般の消費者にとっても洋菓子づくりに寒天は欠かせない材料となってきていることが覗える（注44）。

◆可食性フィルム「クレール」

「クレール」とは海藻由来のペクチンを主原料とした食べることのできるフィルムである。そのまま食することが可能であり、かつ食感や味に悪影響を与えないのでパイ生地や肉、魚料理を包み加熱調理を行なう際に用いることができる。従来のオブラートを用いて洋菓子のパイをつくる場合は空焼きが必要であったが、「クレール」はオブラートと異なり水分を吸収せずに具材の食感を保つので一度の焼き工程でパイをつくることができる。また、素材の水分を保つため卵の黄身を「クレール」で包み、衣をつけて揚げれば、卵の黄身の天ぷらなど従来になかった創作料理をつくることも可能である。同社では和食、洋食を問わずにさまざまな用途で活用するため山梨学院短期大学食物栄養科との産学連携によりレシピの開発を行なっている（注45）。

「クレール」は水溶性であり、プラスチック製の包装と異なり土に還すことができるので、食品の容器としての利用が期待されている。具体的には同社が販売するお湯を注ぐだけで食べることができる寒天スープの包装として使われている。袋状のスープにお湯を注げば、袋は溶けてなくなりそのままスープを食すことができる。弁当などで食材の間仕切りや冷凍食品やチルド食品など電子レンジで温める食品の包装として活用すれば、プラスチック容器の削減に繋がる環境に配慮した製品である。

◆アガロオリゴ糖

アガロオリゴ糖とは寒天や海苔などに含まれる多糖類（食物繊維）を分解することにより生成されたオリゴ糖である。タカラバイオ株式会社で開発され、伊那食品工業において製造が行なわれている。オリゴ糖には整腸作用があるが、アガロオリゴ糖は骨粗鬆症や関節炎などに対する鎮痛効果に特徴がある。

軟骨成分は「グルコサミン」などがたんぱく質と結合したものである。当然、それを食物や医薬品などから不足した分を補う必要があるが、炎症が起こると第一の悪玉物質である炎症性たんぱく質の産生が活発になる。さらに炎症性たんぱく質が引き金となり、第二の悪玉物質である軟骨成分を分解する酵素の産生が活発になる。これら二つの悪玉物質の産生を抑え、軟骨成分を守る効果をアガロオリゴ糖は持っている。

現在同社では、アラゴオリゴ糖を含んだ「健節茶」、とろりとした食感の「飲む寒天」、錠剤タイプの「オリゴに感謝」など「医薬品」ではなく一般の食品として販売している。動物実験その他の研究により効能は確認されており、食品であるので摂取時間に決まりはない。摂取の目安は1日200グラムであるが、250グラム摂取しても人体に害がないことは確認されている。このように寒天は医療の分野にまで応用範囲が広がっている。

※注の文献詳細はＰ１６２～１６５に掲載。

（注35）岸本（２０１０年）、p.33を参照。
（注36）岸本（２０１０年）、p.33を参照。
（注37）岸本（２０１０年）、p.33を参照。
（注38）岸本（２０１０年）、p.33を参照。
（注39）岸本（２０１０年）、p.33を参照。
（注40）岸本（２０１０年）、p.33及び、岸本（２００５年）、p.137を参照。
（注41）岸本（２００５年）、p.129を参照。
（注42）岸本（２０１０年）、p.45-46を参照。
（注43）ＰＨＰ研究所（２００５年）、pp.12-13を参照。
（注44）クックパッドを参照。
（注45）山梨学院短期大学食物栄養科（２０１５年）を参照。

## 5　寒天産業の未来

江戸時代に山村の家内工業として始められた寒天はさまざまな用途開発により世界を制覇してきた。しかし、昭和初期と現代では根本的に事情が異なる。ドイツの細菌学者ロバート・コッフォが細菌培地として寒天を用いるようになってから伝染病研究、医薬品製造において寒天は欠かせないものとなったが、これは寒天を取り扱う実業家が開発に関わったものではない。昭和初期すでに欧米ではジャム、アイスクリームなどの安定剤、ゼリーやプディングの材料として利用されていたが、これも同様である。冷蔵技術が発達する前は寒天を肉や魚の保蔵に用いていたことなどは一般には知られていない。

終戦後、寒天の製造技術は海外に流出し、それに抗していくために寒天製造の工業化が求められた。それも運転資金難、水源の確保、相場の乱高下による原藻の調達難、販路の不確立などにより多くの製造業者が消え、「年輪経営」を旗印に一時のブームに惑わされず、大量生産の技術を確立し、そして国際的な原藻の調達体制を整備し、食品、医療分野にとどまらず環境製品など多くの用途を開発した伊那食品工業が寒天産業を支えている。昭和初期はいわば成り行き任せで自ら用途開発するのではなく、ブームに乗っていたのが実態である。現代は、ブームに乗らずさまざまな産業に対して地道な営業活動を行ない、いわばオーダーメードのR&Dが確立している。

今後も多くの分野で寒天が活用されるのは確実であると思われるが、その恩恵が日本の原藻の産地にまで及んでいないことが惜しまれる。その責任の大半は相場に左右され安定的な供給を果たせない寒天流通にあることは、寒天ブームが起こった２００５年以降の日本産のテングサの生産動向や先述した鈴木実氏の指摘などから明らかである。現在の寒天製造が海外産地への技術支援による原料調達体制構築によって支えられているのならば、逆にそこで培ったノウハウを日本国内の産地に還元できないのかと考えざるを得ない。２００８年からイオンリテール株式会社とＪＦしまねの間で定置網漁における直接取引が始められ、小売り向けの鮮魚においてはいわゆる「中抜き取引」が一般化してきている（注46）。

こうした動きに対して従来の漁業協同組合、産地卸売市場、消費地卸売市場を通じた卸売市場流通の秩序を破壊するといった批判が漁業関係者などからされてはいるが、寒天において相場に左右されるのみでは発展は望めない。寒天はグローバル化し今や世界の寒天かもしれないが、日本発祥である。そのことを後世に語り継ぐためにも、新たな用途・技術を開発するのみならず、産地と整合業者が一体となった事業が望まれる。

（注46）佐野雅昭『日本人が知らない漁業の大問題』新潮社　２０１５年

執筆　土屋成慶

## ＝インタビュー＝

# 世界で活躍する伊那食品工業株式会社

## 塚越寛（伊那食品会長）(右)

（聞き手：鈴木克也）

――御社は寒天の工業化に先駆け、世界でのポジションを確保されていますが、それに成功されたのはどのような経緯からですか。

戦前の寒天は農家の副業でしたから、技術的な進歩はあまりありませんでした。当時の寒天、つまり天然寒天は吹きさらしで乾燥させますから、土煙などによるゴミが混入して見栄えがよくありませんでした。工業寒天には、生産効率の他に見栄え自体が違う、白くて美しい純度の高い寒天を製造できるという強みがあったのです。

そうした強みが魅力となって当社を含めて多くの企業が参入しました。しかし、多くの寒天製造業者は従来の和菓子向けに生産しており、そこで過当競争が起こってしまったのです。当社は「年輪経営」という考えのもとに人材育成を図り、寒天の用途開発に努めて参りました。他社が姿を消した理由を問われれば、私は「人財力」の差だと思います。

――寒天市場における御社のポジションについて教えてください。

寒天市場という言葉に誤解があるように思いますが、おそらく世間に寒天の市場シェアといった統計などはないと思います。現在の寒天は食品をはじめさまざまな工業製品に用いられています。原材料の購入金額などから市場シェアを推計することはできるかもしれませんが、それに意味があるとは思えません。当社の製品のライバルは寒天以外の成分のゲル化剤や増減剤であることが多くございます。それぞれの分野の寒天のシェアをはじき出して、その上で正確な当社のシェアを算定することは無理ではないでしょうか。

そういう理由で正確な数字を申し上げることはできませんが、おそらく国内において当社が8割程度、海外市場においては当社と提携先の協力企業の合計で1割5分程度ではないかとおおよその認識をしております。

――現在、主に海外産の原藻をお使いと思いますが、国内産の原藻の状況はどのようになっているのでしょうか。

日本産の原料は当社の生産量全体の2割程度です。何の製造に用いているかは取引先との業務機密のため申し上げることはできませんが、融点、凝固点、耐酸性などに国内産独特の特徴があり、国内産でしか得ることができない性質を必要とする場合のみ利用させていただいております。

しかし、おっしゃる通り当社が用いている原料の８割は海外産です。私も自ら南米、東南アジア、ヨーロッパ、大西洋の島国など世界各地に赴き、技術指導をさせていただき、原料を提供していただいてきました。そのことは拙著『リストラなしの「年輪経営」』（光文社刊）で詳しく述べさせていただいております。

海外と日本の原藻の採取を比較すると、機械化という点で日本は大きく海外に引き離されていると思います。ただでさえ日本は少子高齢化が進んでおります。そうした現状を踏まえれば、生産の合理化が必要ではないでしょうか。

――御社では「かんてんぱぱガーデン」の開放や文化活動などさまざまな活動（地域貢献・メセナ）を継続されていますが、日本国内の原藻の産地などに対して何らかの働きかけをされているでしょうか。

国産原藻のほとんどは、各地の漁業協同組合が主催する入札により取引されています。しかし、当社のように工場生産の場合、原料の安定確保という面からなかなか親しい交流ができていなかったという問題があることは自覚しております。しかし、寒天は日本発祥ですから、これからの時代を考えると契約取引や技術支援といった形で何らかの機会に国内産地と交流を深められればと考えております。

――寒天に限らず日本の海藻産業の振興、発展のために今後、何が必要とされるとお考えでしょうか。

寒天に関してはその素材の良さを率直に認め、一生懸命に用途開発を進めてきた結果、多くの方のお役に立つことができたと自負しておりますす。これからもブームに惑わされず、いろいろなご提案をしていくつもりです。寒天以外の海藻も同じではないでしょうか。当社を含め海藻製品を製造する業者にとって大きな役割です。日本の製造業全体にとっても同じでコスト競争に終始して同じものを作り続けるだけでなく、世の中に必要とされる新しいものを創り出すことが不可欠だと思います。

## 〈第４章参考文献〉

・宍戸寿雄「寒天の輸出と生産─特にその加工業の性格について」、『農業総合研究』農林省農業綜合研究所　１９４９年10月
http://agriknowledge.affrc.go.jp/RN/2010822638（２０１５年７月20日アクセス）

・淡野寧彦「長野県諏訪地方における天然角寒天産業の存続形態」、『地域研究年報』筑波大学人文地理学・地誌学研究会２００５年
https://tsukuba.repo.nii.ac.jp/?action=pages_view_main&active_action=repository_view_main_item_detail&item_id=7430&item_no=1&page_id=13&block_id=83（２０１５年７月13日アクセス）

・石原三妃、中村昌子、金子龍呼、茂木信太郎「長野県の伝統食品製造会社におけるイノベーション～伊那食品工業株式会社の事例について～」、『地域総合研究 11 Part1』松本大学　２０１０年６月
https://matsumoto-u.repo.nii.ac.jp/?action=pages_view_main&active_action=repository_view_main_item_detail&item_id=347&item_no=1&page_id=13&block_id=17（２０１５年７月20日アクセス）

・伊那食品工業株式会社公式ＨＰ
http://www.kantenpp.co.jp/index.html（２０１５年７月20日アクセス）

・埋橋祐二、滝ちづる「寒天の種類・特性と使用方法」、『日本調理科学会誌』一般社団法人日本調理科学会　２００５年６月
http://ci.nii.ac.jp/els/10016144848.pdf?id=ART0001973161&type=pdf&lang=jp&host=cinii&order_no=&ppv_type=0&lang_sw=&no=1440737983&cp=（２０１５年７月20日アクセス）
・岸本秀一『「顧客ニーズに応える」とは何か――日用品分野における製品開発と流通』文理閣　２０１０年
・西澤一俊・杉村幸子『海藻の本』研成社　１９８８年４月
・横浜康継『海藻の遜』三省堂　１９９３年４月
・岸本秀一「ニッチ市場における食品原料メーカーの顧客創造とその成長――伊那食品工業株式会社を事例としてニッチ市場における食品原料メーカーの顧客創造とその成長――伊那食品工業株式会社を事例として」、『立命館経営学』立命館大学　２００５年11月
・クックパッド「カンテンウルトラ のレシピ 9品」
http://cookpad.com/search/%E3%82%AB%E3%83%B3%E3%83%86%E3%83%B3%E3%82%A6%E3%83%AB%E3%83%88%E3%83%A9（２０１５年10月４日アクセス）
・京城日報「寒天製造有望」　１９１４年１月５日
http://www.lib.kobe-u.ac.jp/das/jsp/ja/MetaView.jsp?LANG=JA&METAID=10082765
（２０１５年８月15日アクセス）

・佐野雅昭『日本人が知らない漁業の大問題』新潮社　２０１５年
・篠原匡「伊那食品工業 寒天素材の製造――「売らない」哲学で43期連続増収実現（小さなトップ企業スペシャル「超常識経営」で活路拓け―信念とこだわりの三社、目からウロコの発想法）」、『日経ビジネス』日経BP社　２００１年1月8日
・鈴木実「海藻サラダ原料の輸入と品質」、恒星社厚生閣　２００２年
・田形睆作「地域密着でキラリと光る企業 寒天業界を創造する『伊那食品工業株式会社』」、『ニューフードインダストリー』２０１３年5月
・千葉博文「人物 戦経レポート 伊那食品工業社長・塚越寛 寒天で45期連続増収果たす〝一徹経営〟」、『戦略経営者』２００３年8月
・塚越寛「インタビュー構成 ヒューマンドキュメント 塚越寛（伊那食品工業代表取締役会長）―塚越寛会長は「会社は社員を幸せにするためにある」」、『国際商業』国際商業出版　２００１年3月
・塚越寛『リストラなしの「年輪経営」』光文社　２００９年
・野村豊『寒天の歴史地理学研究』大阪府経済部水産課　１９５１年
・林金雄、岡崎彰夫『寒天ハンドブック』光琳書院　１９７０年
・林愛子「かんてんぱぱ 伊那食品工業――「社員の幸せ」を最優先して48期連続増収増益人が辞めない企業は強い！　周囲に愛される〝いい会社〟づくりの秘訣【含 塚越寛会長の「年輪経営」

会社がファミリーだからこそ愛ある社員教育を実現できる】」、『商業界』２００８年6月
・ＰＨＰ研究所「伊那食品工業株式会社　いい会社をつくりましょう。――たくましく そしてやさしく（新年特集 百年の計を考える【いい会社】）」、『ＰＨＰビジネスレビュー』２００５年10月
・藤森保明「原点回帰の経営」、『拓殖大学経営経理研究』拓殖大学経営経理研究　２０１０年1月
http://www.takushoku-u.ac.jp/laboratory/files/mngmnt_accnting_87.pdf（２０１４年12月29日アクセス）
・藤森保明「２０１２年度論文集テーマ【原点】原点回帰の経営：伊那食品工業を例にして」、『ひょうご経済』ひょうご経済研究所　２０１２年6月
・松橋鐵治郎『寒天・トコロテンの科学――その奇妙な性質と効用』光琳　２０１２年
・丸山勝治「伊那食品工業株式会社の取組み（七月県外学習会 三遠南信地域【飯田・伊那】の現状を現地にみる）」、『都市環境ゼミナール年報』都市環境ゼミナール　２０１０年
・宮下章『海藻（ものと人間の文化史11）』法政大学出版局　１９７４年
・宮本惇夫「CASE1 伊那食品工業 社員の幸せづくりを通じて、いい会社をつくり、社会に貢献していく（特集 脱常識！　志企業の人材育成）」、『人材教育』２００５年5月
・株式会社森田商店「2006/06/24　日本応用藻類学研究会　第五回応用藻類学シンポジウム

（東京海洋大学 楽水会館にて）」
http://www.tengusa.jp/reports/kouen_2006.html（２０１５年10月4日アクセス）
・株式会社森田商店「平成26年度（平成26年4月〜平成27年11月）てんぐさ概況報告」
http://www.tengusa.jp/reports/nyuusatsu_2015.html（２０１５年10月4日アクセス）
・山梨学院短期大学食物栄養科「２０１５産学連携クレールの美味しいレシピ」２０１５年3月　http://www.ygjc.ac.jp/pdf/recipe/kanten_201503.pdf（２０１５年10月4日アクセス）

# 第５章

# ワカメ・ヒジキ・モズクの生産と消費
## ―養殖により庶民の食文化に―

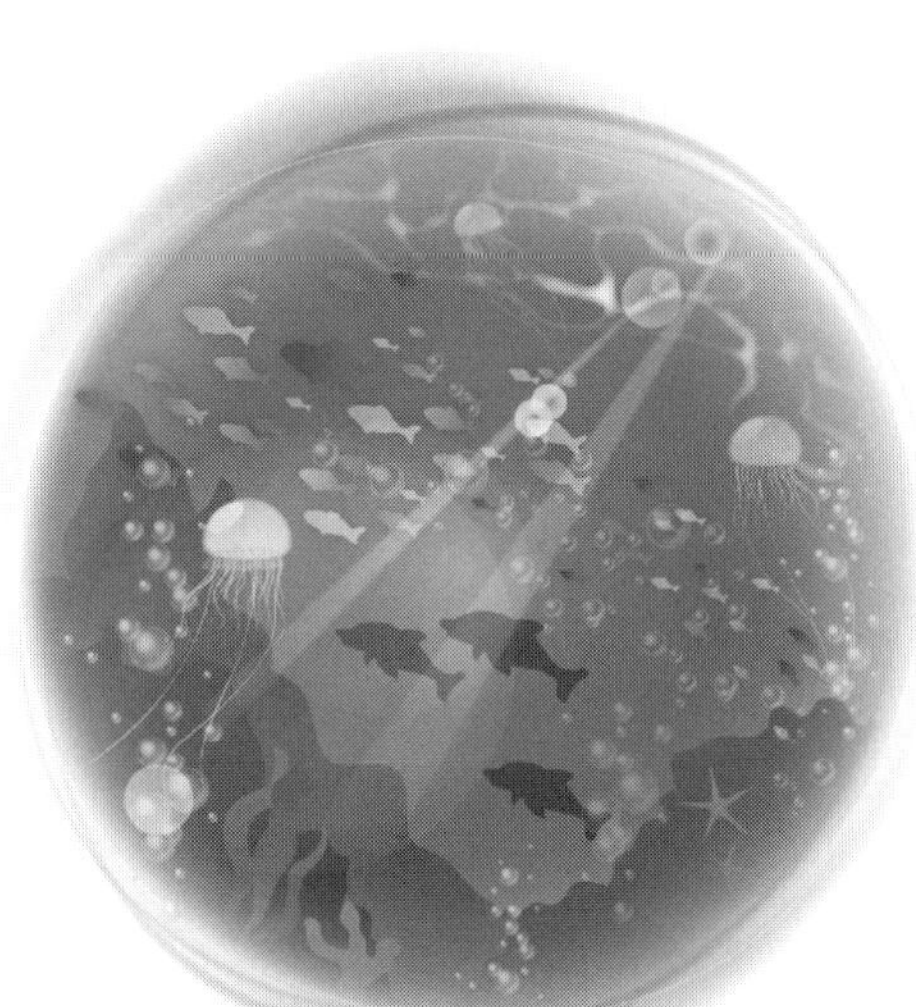

## 1　養殖技術の進展

海藻のうち、昆布や海苔は奈良・平安時代の朝廷や神事として取り上げられ、貴族の食文化の中で重要なポジションとなった。鎌倉時代には仏教の精進料理として利用され、戦国時代には出陣の儀式や陣中保存食として重宝された。

しかし、その他の海藻については、地域の人たちが海岸に打ち上げられたものを採取して食用にしていた程度であった。

ワカメ、ヒジキ、モズクなどはその代表的なものであるが、その他の海藻もそのような利用のされ方であった。

そして、全国各地でそれぞれ独自の食文化ができた（第1章参照）。

### 自然的養殖法

江戸時代になると、浅草の海苔養殖として、「ヒビ建て養殖法」が開発された。これは海岸の浅瀬にヒビを立て、そこで自然的に胞子を集め、養殖するというもので、これはのちに見る科学的養殖法ではないが、これによってある程度の量を安定的に採取できるようになったので、一般庶民にも利用しやすいものとなった（第3章参照）。

明治になると、政府は外貨獲得のために、海藻の輸出に力を入れた。そのため中国や朝鮮への輸出は増加したが、欧米への輸出はそれほど広がらなかった。生糸が欧米に急速に普及したのと比べると、食文化の変化はそう簡単ではなかったのであろう。

生産方法については、この養殖法では経験的なものにとどまり、自然環境の変化で摂取量の振れが激しかった。

**科学的養殖法**

それらが解決されるには、海藻についての科学的研究が必要であり、海藻についてのライフサイクルのメカニズムの解明が必要であった。

それらが可能になったのは、昭和２年（１９２８年）、イギリスの海洋科学者ドリュー女史が海藻の糸状体を発見し、海藻のライフサイクルを明らかにしたことである。

しかし、その実際的活用についてはさらに時間がかかった。その実験や実用化にあたっては多くの日本人研究者が大きな役割を果たした。

海藻の中でその科学的養殖が最も難しい昆布について、日本の研究者長谷川氏が苦労の末、その実験に成功したことについて第２章で紹介した通りである。

その後、海藻の養殖は中国、朝鮮を含めて各地に拡がった。昆布や海苔の生産状況についてては先述したので、以下ではワカメ、ヒジキ、モズクについて生産と消費の状況を簡単に見ておこう。

## 2　ワカメの生産と消費

ワカメはコンブ科，チガイソ科に属し、太平洋岸は室蘭以南、日本海側は北海道以南に分布する。

### 歴史

日本人のワカメ利用の歴史は古く、縄文時代の土器に付着していた海藻はワカメの一種とされている。

奈良・平安時代の万葉集の中に出てくる「玉藻」(たまも)もワカメの一種であったと思われる。当時、海藻が人々の生活の中に拡がっていたと推測される。701年の大宝律令の中には昆布と並んで、「ニギメ」という呼び方で租・庸・調に加えられていた。

## 産地

ワカメの供給先をみると、中国からの輸入が50％、韓国からの輸入が30％を占めている。国内の産地をみると、北海道から長崎まで比較的広く分布しているが、現在では岩手県、宮城県のシェアが高い。

近年は天然ものが減り、国産の95％は養殖となっている。

## 養殖技術

理研食品のホームページによると、ワカメの養殖法の研究を始めたのは日本人ではあったが、国内ではなく、中国においてであったという。

宮城県出身の大槻洋四郎氏が、当時の満州国を産地とするため、昆布とともにワカメの養殖に取り組んだ。研究面では進展が見られ、１９４８年には中国各地で養殖が行なわれるようになったが、ワカメは需要が少なく、あまり普及しなかった。

戦後は、日本でも三陸海岸や鳴門で養殖が始まった。しかし、保存性の問題などから普及はそれほどではなく、本格的普及が始まったのは１９６０年になってからであった。

## 3　理研食品の取り組み

このワカメの需要拡大に大きな貢献をしたのは、理研ビタミンのグループ会社の理研食品であった。「ふえるわかめちゃん」や「わかめスープ」などをはじめとするワカメ関連の加工食品に力を入れて成長を遂げ、今やワカメの代表的なメーカーとしての地位を得ている。

### 沿革

理研食品株式会社（以下理研食品と略す）は1964年、理研ビタミン株式会社（以下理研ビタミンと略す）のグループ会社として、宮城県で設立された。親会社にあたる理研ビタミンは創業当時、鯨油からビタミンを抽出する技術では最先端をいく研究開発型企業であった。1917年に創立された日本で初めての民間研究所「理化学研究所」の流れをくんで創立されたものである。

工場が宮城県と岩手県にあり、漁業関係者とのつながりが深かったが、ワカメの養殖が三陸海岸で本格的に行なわれるにあたって、ワカメの商品化に参画することになった。初めての食品分野への参入ということもあり心配されたが、技術イノベーションこそがビジネスの基盤であることを一貫して認識し、1965年に、「生わかめ わかめちゃん」を商品化した。

さらに、食品流通に本格的に展開するため、カール状の乾燥技術を開発し、1976年に、「ふえるわかめちゃん」を上市した。このマーケティング展開に当たっては理研ビタミングループ全体の連携があった。

渡辺博信理研食品社長

**経営状況**

理研食品の資本金は8千万円、従業員数は245名である。工場としては宮城県の本社工場、新港工場、岩手県の大船渡工場、中国の大連工場がある。

**業務内容**

業務内容としては、家庭用食品の売り上げが約60億円、業務用が約30億円となっている。国内店頭でのシェアは90％を超えているものと思われる。

| | |
|---|---|
| 社名 | 理研食品株式会社 |
| 設立 | 昭和39年7月1日 |
| 資本金 | 8千万円 |
| 本社 | 〒101-0061 東京都千代田区三崎町二丁目9番18号<br>TEL.03（5275）5128（代表）<br>FAX.03-3265-3000 |
| 代表者 | 代表取締役社長 渡辺博信 |
| 従業員数 | 245名（平成27年4月現在） |
| 事業内容 | わかめをはじめとする海藻関連製品の研究・開発・製造、及び業務用ドレッシング、調味料、エキス関連製品の製造 |
| 工場 | ［本社工場］<br>〒985-0844 宮城県多賀城市宮内二丁目5番60号<br>TEL.022-365-6446（代表）<br>FAX.022-367-1219<br>［仙台新港工場］<br>〒983-0001 宮城県仙台市宮城野区港四丁目12番11号<br>TEL.022-254-0502（代表）<br>FAX.022-254-2388<br>［大船渡工場］<br>〒022-0001 岩手県大船渡市末崎町字峯岸149番地4<br>TEL.0192-22-1800（代表）<br>FAX.0192-22-1188 |
| 役員 | 代表取締役社長 渡辺 博信<br>常務取締役 野田 尚敬<br>取締役 佐藤 純一<br>取締役 山中 良一<br>取締役 小野 克徳<br>取締役 浅井 悟司<br>監査役 黒川 大成 |

■本社工場

■仙台新港工場

■大船渡工場

丸採りわかめ
三陸産
わかめ
カット
そのまま手軽に
くき
くきわかめ
めかぶ
千切り
そのまま手軽に
もずく

## ＝インタビュー＝

# 技術力を活かして、天然物の有効活用

細谷清夫

（理研ビタミン株式会社　取締役事業戦略部長）

（聞き手：鈴木克也）

――理研ビタミングループがワカメの事業を開始された背景と経緯についてお聞かせください。

理研ビタミンは政府の研究機関であった理化学研究所を母体にした会社で、当初は鯨油からビタミンのエキスを抽出する事業をしていました。この技術では世界の最先端をいく技術をもっていました。当社のビタミンが水産資源を原料としていたことから、漁業関係者との付き合いもあったのですが、１９６０年頃から三陸海岸でワカメの養殖を始めるということで、ワカメの事業化についての協力要請があったのです。

当社にとっては食品分野への進出は初めてのことなのでいろいろ考えましたが、当時の経営陣の決断で１９６０年にワカメに関する仕事を開始し、１９６６年には当社初の家庭用商品である「生わかめ わかめちゃん」を上市しました。

それまで海藻は自然環境に左右され、加工や保存についての技術が弱かったので事業としてはなりたちにくかったのですが、当社は技術の会社ですから、それを技術の力で克服しようとしたのです。海藻は乾燥させると成分を維持し、流通も容易になるので、次に乾燥技術を完成させることにしました。海藻の乾燥は今でこそ一般的ですが、当時、これをビジネスに展開しているところはありませんでした。当社は特徴的なカール状の乾燥技術を開発したのです。

この乾燥技術を用いて１９７６年に上市し、今日までロングセラーとなっている商品が「ふえるわかめちゃん」です。研究や製造はグループ会社である理研食品が、マーケティングは理研ビタミンが担いました。

――理研ビタミングループでは「天然物の有効活用」を戦略的テーマに掲げられていますが、それを技術イノベーションにより達成しようとされているのですね。

そもそも当社は技術開発型の企業ですし、事業の基盤は技術イノベーションであるということを強く意識しています。そのため研究所をつくり、海藻についての幅広い研究を続けるとともに、次のイノベーションの道を探っています。今、力を入れているのはドレッシングの開発や冷凍海藻などです。

特に、ドレッシングはこれから健康意識の高まりや洋風化の中でサラダが大きなマーケットになり、それにかけるドレッシングへのニーズが高まると考えられるのです。技術的にもこれだと当社の持っているエキス抽出技術が十分活かせるのではないかと思っています。以上のように、技術の関連性を中心に事業を展開していくべきだと考えています。

――ワカメについてはすでに国際商品としての性格をもっていると思いますが、今後、海藻を国際商品としていくにあたっての考え方をお教えください。

まず、ワカメの原藻の調達についてはすでに国際化が進んでいます。ワカメの原藻についてはは50％が中国産で、私たちはすでに大連に工場進出しています。国産の中では地元の三陸海岸が20％程度です。この前の東日本大震災の影響で三陸のワカメ養殖も大きな影響を受け、中国産や韓国産で対応せざるを得ませんでした。今では三陸海岸の養殖は復旧しています。

しかし、ワカメを含めた海藻利用の国際化ということになるとまだ微々たるものです。食文化の変化というものはそう簡単なものではないのです。最近こそ和食ブームで少し変化をしていますが、海苔のような黒いものはあまり食べないとか、みそ汁のような香りはあまり好まないとかの話もよく聞きます。しかし、われわれからするとこれほどおいしいものはないのですから、粘り強く普及活動を続けていくべきだと考えます。しかし、これには時間とコストがかかり、民間の一企業の努力では限界があることも認識しておく必要があります。

――ワカメを含めて今後の海藻産業は何が課題だとお考えになりますか。その中で理研ビタミングループとしてはどのような役割を果たそうと考えていますか。

当社のグループでは技術力を活かして、「天然物の有効利用」を経営理念としています。ワカメに限らずそのため海藻に関連したいろいろなものにも関心を持っています。その用途についても幅広くとらえております。しかし、技術には関連性が必要ですので、現実にはできるところから着実に前進していきます。特にわれわれは天然物からエキスを抽出する技術には自信がありますので、ドレッシングについては深くほりさげたいと思っています。サラダについては世界的なニーズも強いので、良いドレッシングが求められていると思っています。

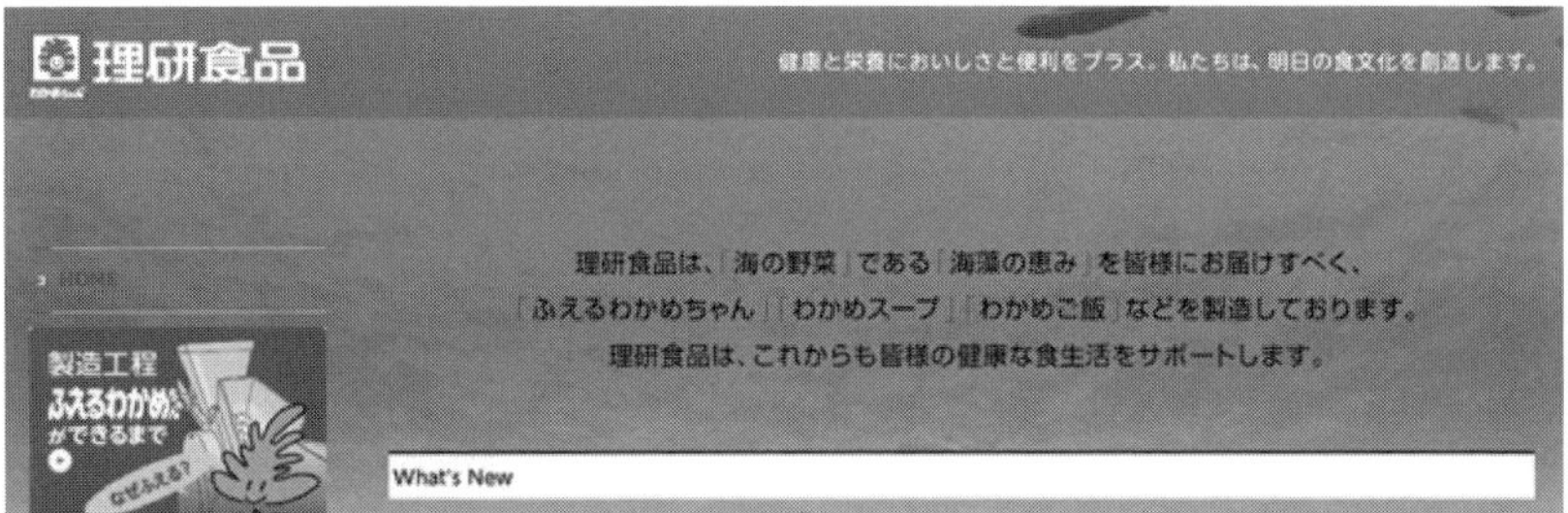

## 4　ヒジキの生産と消費

ヒジキは褐藻類ホンダワラ科・ホンダワラ属の一種である。波の激しい海岸近くの波間帯付近に繁茂する。春から夏に胞子をつけて成熟する。

ヒジキを食べると長生きすると古くから言われているため、敬老の日の9月15日を「ヒジキの日」と定めている（三重県ひじき協同組合設定）。

### 産地

日本国内に流通しているヒジキの約90％は中国、韓国からの輸入である。

国内産は天然ものが中心であったが、１９６０年頃から長崎県、徳島県、大分県などで養殖が始まり、２０００年頃から養殖が中心となってきた。

### 利用

ヒジキの食材としての利用は「干しヒジキ」である。これを水で戻してから、しょう油と砂糖を入れて煮て食べる。近年、ヒジキ飯、サラダ、てんぷらなどにも幅広く利用されるようになっている。

ヒジキはビタミン類を多く含み、現代人が不足しがちなカルシウムの吸収を助けるという効果がある。タンパク質も多く含まれ、微小ではあるがフコイダンも含まれているので、健康食品として利用されてきた。

ただし、最近、気になるニュースが入っている。２０００年にカナダの食品検査所がヒジキには発がん性の物質が含まれていると発表したのである。

これに対して日本の厚生労働省は２００４年４月、調査の結果、含有量からすると、体重50キロの成人が毎週33グラム以上を摂取しない限り、世界保健機関の食品許容量を超えることがないという見方を示している。

## 5　モズクの生産と消費

モズクは褐藻類ナガマツモ科に含まれる海藻で、熱帯から温帯の浅い海に分布する。日本海沿岸では冬から春にかけて光が届く地下の岩場に生きる。

生産地は日本では沖縄県、海外ではトンガが有名である。台湾ではオジョモの代用品として、養殖されている。

日本一のモズク産地である沖縄県では１９７５年頃から養殖技術の実験が行なわれ、１９７９年にはこれが定着した。このため生産力が高まり、当初１０００トン程度だった生産量は２００３年には約２万トンとなり、全国生産量の95％以上を占めるまでになった。

今、沖縄県水産業の基幹産物となっており、沖縄県もずく養殖業振興協会では4月第三日曜日を「モズクの日」と定めると共に、キャラクターの「モズクマン」をつくったり、各種のイベントを企画し盛り上げている。

**利用**

食材としては、モズク酢としての利用が多い。土佐酢、三杯酢を含めて、プラスチックの容器に入れたものが広く出回っている。

塩漬けのものは十分塩抜きをした上でてんぷらにするという料理法もある。

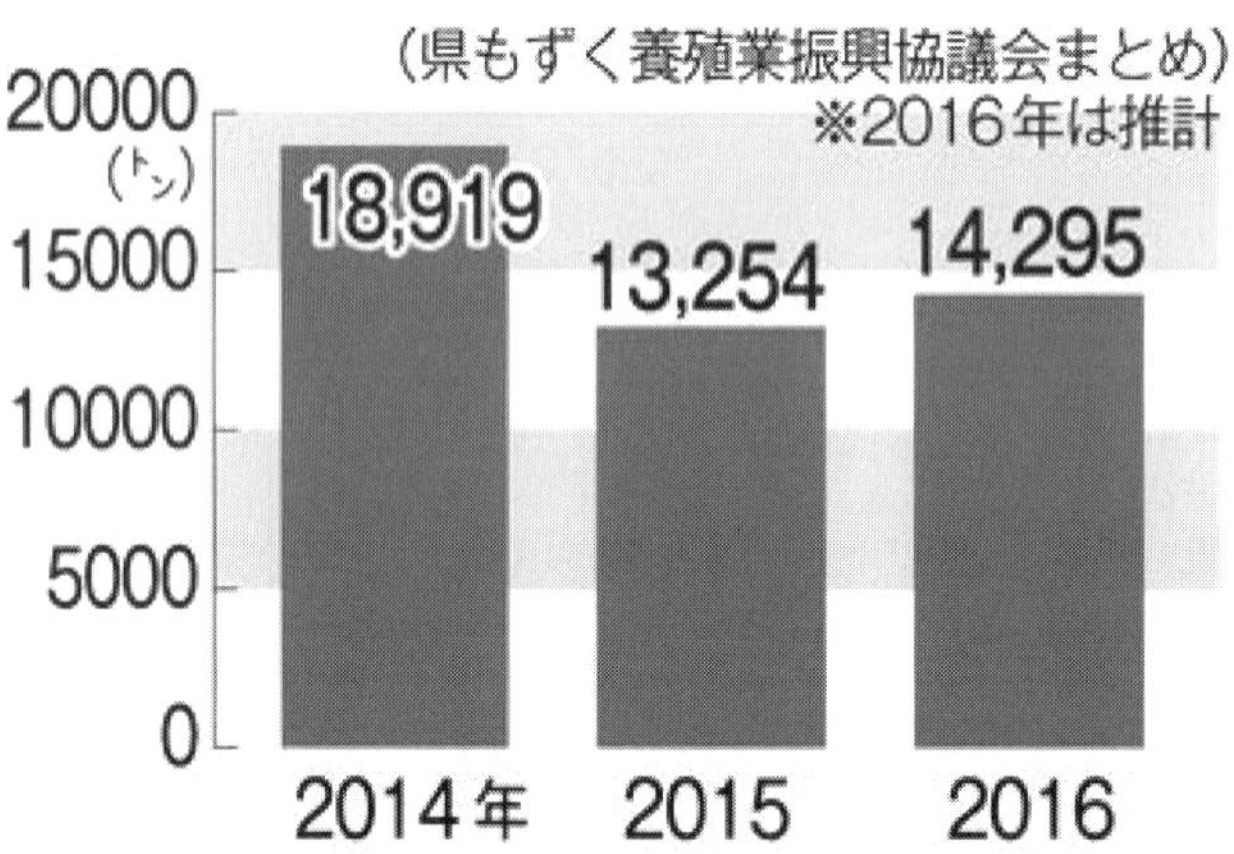

（出所）琉球新聞

### 能登モズク

沖縄産の「太モズク」に対して、「細目モズク」がある。これは最近、「能登モズク」として売り出されているもので、糸のように細くぬめぬめしているのが特徴である。能登モズクには「絹モズク」と「糸モズク」があり、もっと細く粘り気が強い。

〈第5章参考文献〉


・日本わかめ協会ホームページ
・東海わかめ協会『わかめって何?』
・理研食品ホームページ
・吉田忠生・吉水一男『日本海藻目録』2010年
・こんぶのくらこん『ひじき講座』

# 第６章

# 海藻利用の未来

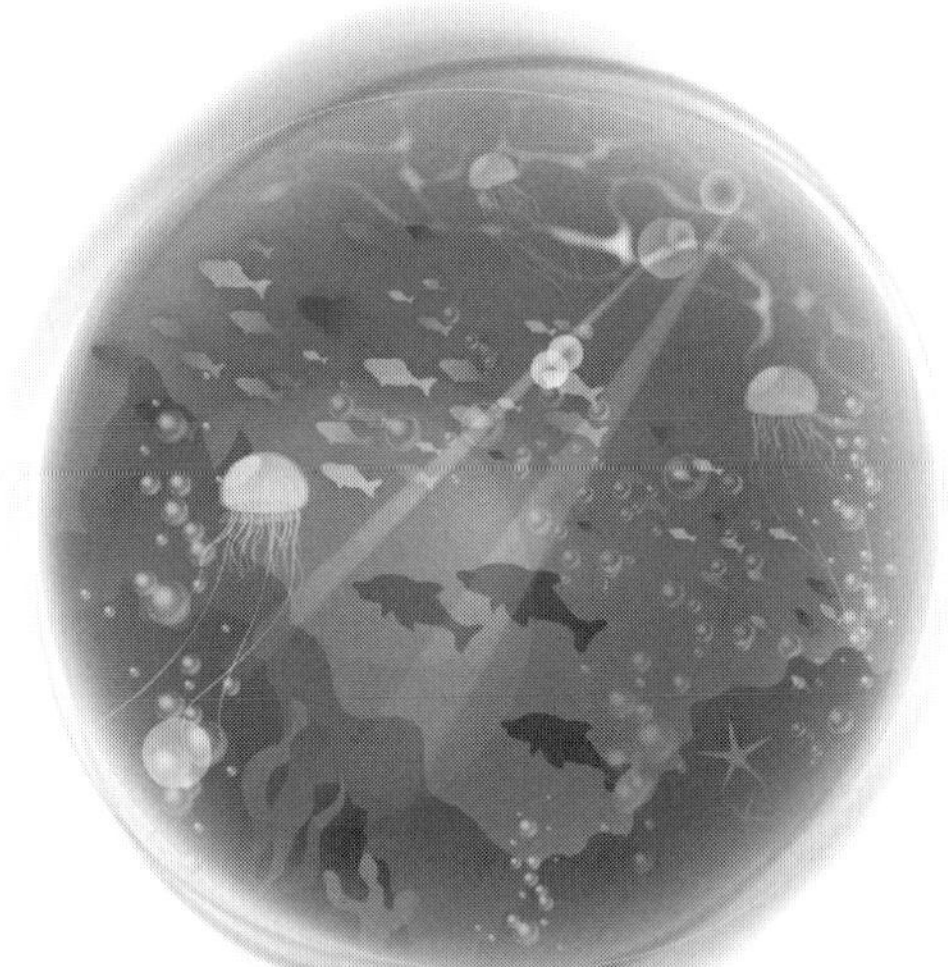

以上、海藻利用の歴史・文化・産地・利用の実態などについてみてきた。本章では海藻産業の抱える課題を踏まえて、海藻利用の未来について考えてみたい。未利用資源である海藻の利用、商品開発のあり方、ブランド価値を高めながら消費を促進するための考え方、さらには世界的な普及を促進する必要性などについて述べる。

## 1　未利用海藻の有効活用

海藻利用の歴史は古く、その中から食用として利用価値が高く、取り扱いやすい海藻については絞られたものになってきている。しかし、それはあくまでこれまでの食文化を前提とした国内のレベルでのことである。今後、世界的な視点で考えた場合、もっとさまざまな利用方法があるはずである。

本書第2章ではコンブの一種であり、雑草と思われていた「ガゴメ昆布」にフコイダンが多く含まれていることがわかり、その商品開発に成功した事例を紹介した。また、最近は養殖の時にできる「ダルス」が熱すると鮮明な緑色が出るということと、食感が良いということからサラダに向くのではないかと注目されていることを紹介した。さらに、世界中に多く分布しているのにまだほとんど利用されていない「アカモク」の利用についても研究が進められている。

これら食用としての利用だけではなく、医薬用やエネルギーとしての利用可能性は大きいと思われる。本書第4章では、テングサ等が当初は「寒天」として食用に供されてきたが、その後バイオの培養材となり、さらには医薬用のゲル化剤、食用の増量剤として世界中で広く利用されている事例を紹介した。

また、世界の環境やエネルギー問題との関連でみると、世界の海にある膨大な海藻が二酸化炭素を吸収し酸素を放出する大きな役割を担っていることにも目を向けるべきである。それらをさらに進めるために、「海洋牧場」をつくろうとの構想もある。

## 2　生産・加工技術の向上

海藻の養殖技術についてはすでにその技術基盤が確立しているようにもみえるが、新たな問題として産地での高齢化と後継者・労働力不足という問題が大きくなってきている。

産地での職場としては従来と比べると安定的なものとなっているが、厳しい労働環境であることは変わらず、需給関係によって相場が大きく変動するという構造そのものが若者のインセンティブをそぐのかもしれない。いずれにしても、産地における後継者の問題が大きいことを意識しておく必要がある。

## 3　海藻利用の促進

海藻の生産・加工・流通・販売にあたっては、これまでは海藻問屋の役割が大きかった。その結果、いまだに相場による流通マージンの確保に意識が奪われるという傾向が残っている。

しかし、将来のことを考えると、消費者に対する海藻利用促進のための総合政策、例えば海藻の付加価値のアップやブランド価値のアップについてはやるべきことが多く残されているのではないかと思われる。

特に、市場が成熟化してくる中で、消費者の需要喚起をはかることの重要性についてはもっと強く意識することが必要だと思われる。

## 4　国際的マーケティング

これからの海藻関連事業者は世界的視野で物事を考えるという戦略方向を明確にすべきだと思われる。これまで見てきたように、海藻は日本独自の食文化をもっており、それは世界に誇るべき内容である。このことをもっと世界にアピールすべきである。

今、世界では健康や美容への関心が高まっており、「和食ブーム」も起こっている。その中で海藻が果たすべき役割は極めて大きいのに、そのための組織的な活動はほとんど行なわれていない。

その分を韓国や中国が補っているというのが現状であるが、将来のことを考えると、そのような悠長なことであっていいのか気にかかる。それは市場シェアを奪われるということだけではなく、例えば、品質の悪い商品が出回ると、マーケットでの商品価値は下がり、価格が下落したり、消費者の商品に対する評価も落ちてしまう。それが日本への低価格品の輸出圧力となってこないとは限らない。

このようなことにならないためにも、関係者が早急に国際マーケティングを促進するしくみを構築するべきだと思われる。

# むすび

海藻は山菜に並んで日本独自の食文化として世界に誇るべきものとしての観点から、海藻の歴史・文化・産地・利用の実態、産業として抱えている課題などについて全体的に述べてきた。その中で強く感じたのは、海藻は健康や美容に極めて大きな効果を発揮するし、世界には無限ともいえる資源があるにもかかわらず、その恵みを十分活かし切っていないのではないかということであった。日本人は自然の形でそれを受け入れてきたが、世界では海藻を食文化と考える人は少ないと思われる。

そこで、海藻の全体像を理解した上で、その魅力を発信することが必要だと考えて、本書編集に当たったつもりである。

今後、海藻を世界に普及させるには、海外の人にもなじみやすい加工方法・料理方法を工夫することが必要だし、保存や流通の仕組みも開発する必要がある。しかし、最も必要なのは業界や行政、そして関連する専門家がそのことを意識して協力し合い、情報を収集・蓄積・発信し、海藻を世界商品に育てようと努力するかどうかだと思われる。

現実には海藻の種類と性格が多様であり、産地もばらばらであるため、海藻全体を取りまとめるのが難しいこと、生産者である零細な漁業者にとっては当面の仕事が肝心で、大きな話には関心がないこと、海藻を日常的なビジネスというより相場ものだととらえる考え方も根強いことなど、さまざまな問題を抱えていることも確かである。

したがって、急激な変化は難しい面もあるが、今後、世界をマーケットとしていかないと海藻の未来は開けてこないことも事実であろう。

本書は外部者の立場からの海藻産業に対する問題提起になればということで、取りまとめたものである。ぜひ、ご一読いただき参考にしていただければ幸いである。

最後になったが、本書の取材・編集・制作にあたっては多くの方々にお世話になった。心から感謝の意を表したい。

二〇一七年十二月

クリエイティブ・ユニット（エコハ出版）
代表　鈴木克也

## 著者紹介

**鈴木克也**（すずき・かつや）

　大阪市立大学経済学部卒業。野村総合研究所にてリサーチャーとしてマーケティング調査・研究に携わる。　ベンチャーキャピタル・ジャフコ審査・調査担当、公立はこだて未来大学教授（ベンチャー論、環境経済学、地域論）を経て、企業組合クリエイティブ・ユニット代表理事。エコハ出版代表。一般社団法人ザ・コミュニティ理事。主な著書・編著に『環境ビジネスの新展開』『地域活性化の理論と実践』『ソーシャルベンチャーの理論と実践』『アクティブ・エイジング』『地域における国際化』『柿の王国』など多数がある。

海藻王国《かいそうおうこく》

2018年1月22日　第1刷発行

著　者　鈴木克也《すずきかつや》
編　集　エコハ出版
発行者　落合英秋
発行所　株式会社 日本地域社会研究所
〒167-0043　東京都杉並区上荻1-25-1
TEL（03）5397-1231（代表）
FAX（03）5397-1237
メールアドレス　tps@n-chiken.com
ホームページ　http://www.n-chiken.com
郵便振替口座　00150-1-41143
印刷所　モリモト印刷株式会社


ISBN978-4-89022-200-1

## 日本地域社会研究所の好評図書

三上宥起夫著…職業欄にその他とも書けない、裏稼業の人々の、複雑怪奇な「関係」を飄々と描く。寺山修司を師と仰ぐ三上宥起夫の書き下ろし小説集！

### 関係 Between

46判189頁／1600円

本多忠夫著…天下の副将軍・水戸光圀公ゆかりの大名庭園で、国の特別史跡・特別名勝に指定されている小石川後楽園の歴史と魅力をたっぷり紹介！　水戸観光協会・文京区観光協会推薦の1冊。

### 黄門様ゆかりの小石川後楽園博物志 天下の名園を愉しむ！

46判424頁／3241円

やまぐちひでき・絵／たかぎのりこ・文…神様のために始められた行事が餅つきである。ハレの日や節句などの年中行事に用いられる餅のことや、鏡餅の飾り方など大人にも役立つおもち解説つき！

### 年中行事えほん もちくんのおもちつき

A4変型判上製32頁／1400円

アイ・コンサルティング協同組合編／新井信裕ほか著…「民間の者」としての診断士ここにあり！　経営改革ツールを創出し、中小企業を支援するビジネスモデルづくりをめざす。中小企業に的確で実現確度の高い助言を行なうための学びの書。

### 中小企業診断士必携！ コンサルティング・ビジネス虎の巻 ～マイコンテンツづくりマニュアル～

A5判188頁／2000円

三浦清一郎著…戦前世代には助け合いや我慢を教える「貧乏」という先生がいた。今の親世代に、豊かな時代の子ども育て・しつけのあり方をわかりやすく説く。こども教育読本ともいえる待望の書。

### 子育て・孫育ての忘れ物 ～必要なのは「さじ加減」です～

46判167頁／1480円

諸原潔著…八十八カ所に加え、別格二十カ所で煩悩の数と同じ百八カ所。金剛杖をついて弘法大師様と同行二人の歩き遍路旅。実際に歩いた人しかわからない、おすすめのルートも収録。初めてのお遍路旅にも役立つ四国の魅力がいっぱい。

### スマホ片手にお遍路旅日記 四国八十八カ所＋別格二十カ所霊場めぐりガイド

46判259頁／1852円

## 日本地域社会研究所の好評図書

### 隠居文化と戦え
社会から離れず、楽をせず、健康寿命を延ばし、最後まで生き抜く

三浦清一郎著…人間は自然、教育は手入れ。子供は開墾前の田畑、退職者は休耕田。手入れを怠れば身体はガタガタ、精神はボケる。隠居文化が「社会参画」と「生涯現役」の妨げになっていることを厳しく指摘。

46判125頁／1360円

### コミュニティ学のススメ
ところ定まればこころ定まる

濱口晴彦編著…あなたは一人ではない。人と人がつながって、助け合い支え合う絆で結ばれたコミュニティがある。地域共同体・自治体経営のバイブルともいえる啓発の書！

46判339頁／1852円

### 癒しの木龍神様と愛のふるさと
～未来の子どもたちへ～

ごとむく・文／いわぶちゆい・絵…大地に根を張り大きく伸びていく木々、咲き誇る花々、そこには妖精（フェアリー）たちがいる。「自然と共に生きること」がこの絵本で伝えたいメッセージである。薄墨桜に平和への祈りを込めて、未来の子どもたちに贈る絵本！

B5判上製40頁／1600円

### 現代俳優教育論
～教わらない俳優たち～

北村麻菜著…俳優に教育は必要か。小劇場に立つ若者たちは演技指導を重視し、「教育不要」と主張する。俳優優教育機関が乱立する中で、真に求められる教えとは何か。取材をもとに、演劇という芸術を担う人材をいかに育てるべきかを解き明かす。

46判180頁／1528円

### 発明！ ヒット商品の開発
アイデアに恋をして億万長者になろう！

中本繁実著…アイデアひとつで誰でも稼げる。「頭」を使って「脳」を目覚めさせ、ロイヤリティー（特許実施料）で儲ける。得意な分野を活かして、地方創生・地域活性化を成功させよう！　1億総発明家時代へ向けての指南書。

46判288頁／2100円

### 観光立村！ 丹波山通行手形
都会人が山村の未来を切り拓く

炭焼三太郎・鈴木克也著…丹波山（たばやま）は山梨県の東北部に位置する山村である。本書は丹波山を訪れる人のガイドブックとすると同時に、丹波山の過去・現在・未来を総合的に考え、具体的な問題提起もあわせて収録。

46判159頁／1300円

## 日本地域社会研究所の好評図書

中村信也・炭焼三太郎監修／ザ・コミュニティ編…地方創生×自然産業の時代！山村が甦る。大地の恵み・四季折々の独特の風味・料理法も多彩な山菜の魅力に迫り、ふるさと自慢の山菜ビジネスの事例を紹介。「山菜検定」付き！

農と食の王国シリーズ

### 山菜王国 ～おいしい日本菜生ビジネス～

A5判194頁／1852円

高田建司著…心と体のぜい肉をそぎ落とせば、誰でも知的美人になれる。それには日常の心掛けと努力が第一。玉も磨かざれば光なし。いい女になりたい人必読の書！

### 心身を磨く！美人力レッスン いい女になる78のヒント

46判146頁／1400円

阿部伸一著…学校へ通っていない生徒を学習塾で指導し、保護者をカウンセリングする著者が、これからの可能性を大きく秘めた不登校の子どもたちや、その親たちに送る温かいメッセージ。

### 不登校、学校へ「行きなさい」という前に ～今、わたしたちにできること～

46判129頁／1360円

木村昭平＝絵と文…活気・元気いっぱいの浅草。雷門の赤いちょうちんの中にすむ不思議な女と、おとうさんをさがすひとりぼっちの男の子の切ない物語。

### あさくさのちょうちん

B5判上製32頁／1470円

瀬沼克彰著…「今日用（教養）がない」「今日行く（教育）ところがない」といわないで、生涯学習に積極的に参加しよう。地域の活気・元気づくりの担い手を育て、みんなで明るい未来を拓こう！と呼びかける提言書。

### 生涯学習まちづくりの人材育成 人こそ最大の地域資源である！

46判329頁／2400円

佐藤竜一著…東北が生んだ天才的詩人・歌人の石川啄木と国民的詩人・童話作家の宮沢賢治。異なる生き方と軌跡、そして共通点を持つふたりの作家を偲ぶ比較人物論！

### 石川啄木と宮沢賢治の人間学 ビールを飲む啄木×サイダーを飲む賢治

46判173頁／1600円